비주류 프로젝트

비주류 프로젝트

1판 1쇄 인쇄 2025. 9. 1.
1판 1쇄 발행 2025. 9. 8.

지은이 팀 밀라논나

발행인 박강휘
편집 방지민·김성태 | 디자인 유상현 | 마케팅 정희윤 | 홍보 이수빈
발행처 김영사
등록 1979년 5월 17일(제406-2003-036호)
주소 경기도 파주시 문발로 197(문발동) 우편번호 10881
전화 마케팅부 031)955-3100, 편집부 031)955-3200 | 팩스 031)955-3111

저작권자 ⓒ 이경신·곽재순·이신태·강이향·김주연·권숙연·신소현, 2025
이 책은 저작권법에 의해 보호를 받는 저작물이므로
저자와 출판사의 허락 없이 내용의 일부를 인용하거나 발췌하는 것을 금합니다.

값은 뒤표지에 있습니다.
ISBN 979-11-7332-333-1 03320

홈페이지 www.gimmyoung.com   블로그 blog.naver.com/gybook
인스타그램 instagram.com/gimmyoung 이메일 bestbook@gimmyoung.com

좋은 독자가 좋은 책을 만듭니다.
김영사는 독자 여러분의 의견에 항상 귀 기울이고 있습니다.

비주류 프로젝트

뜨는 콘텐츠를 만드는 사람들이 일하는 방법

팀 밀라논나

OUTLIER PROJECT

일러두기
이 책은 일곱 명의 저자가 쓴 글을 팀장의 시점으로 엮어 완성하였습니다.
본문에서 굵게 표시된 부분은 저자의 표기입니다.

순응하면 도태된다.
우리는 낯선 길을 택했고
그것이 많은 것을 바꿔놓았다.

프롤로그

우리가 팀워크를 ─────
───── 기록하는 이유

"1년에 한 번씩은 이력서를 업데이트하세요."
어느 책에서 본 문장이다. 좋은 말이라는 생각이 들었다. 하지만 내 이력서는 오랫동안 멈춰 있었다. 회사에 다니기 시작한 건 2006년부터였으니, 햇수로 20년. 이 책을 쓰면서 처음 그 숫자를 자각했다.

5년 차에는 무슨 일을 했지? 10년 차에는? 떠올려보려 해도 구체적인 장면이 기억나지 않았다. 분명 치열하게 살았고 일에 몰두한 시간도 많은데, '무엇을 어떻게 했는지'가 아닌 '그때 힘들었다' 혹은 '그래도 잘 해냈다'라는 감정과 분위기만 남았다. 실제로는 그때 한 판단, 주고받은 말, 반복적인 변화가 지금을 만들었을 터이다. 그래서 출간 제안을 받았을 때 바로 팀원들을 떠올렸다.

"지금 우리가 하는 일을 기록하고 정리해두자. 지나가버리기 전에."

때론 멈춰 서서 어떻게 걸어왔는지 되짚어야 다음 길을 그릴 수 있다. 이번 프로젝트가 그 계기가 되었으면 좋겠다 싶었다. 5년 차, 7년 차, 10년 차인 우리 팀원들이 15년 차나 20년 차가 되었을 때 지금 이 시기를 또렷하게 기억할 수 있다면 그건 아주 의미 있는 자산이 될 것이라 믿는다. 나 역시 5년 차, 10년 차에 이런 작업을 했더라면 커리어의 방향이 지금과는 조금 달랐을지도 모른다.

기록은 단지 감정을 보존하는 일이 아니다. 우리가 어떻게 일하는지 돌아보고 어떤 방식으로 일하고 있는지 구체화하는 작업이다. 프로젝트에서 우리가 어떻게 움직였는지, 누가 어떤 생각을 먼저 꺼냈으며 어떤 논의 끝에 방향을 정했는지 기록하는 일. 그걸 해보자는 거다. 거창한 언어나 교훈이 아니라 평소 일하는 방식을 있는 그대로 적어보자는 시도다. 그저 좋은 기억을 떠올리기 위해서만이 아니라 우리가 어떻게 일했는지 정확히 기억하기 위해서기도 하다.

훗날 우리가 지금 이 시기를 돌아볼 때, '그때 우리가 이

걸 했구나' '그때는 그게 제일 고민이었구나' 알 수 있으면 한다.

우리는 꽤 오래 일할 예정이다. 20대 중반부터 일을 시작해 70대까지도 커리어를 이어가는 시대, 한 회사를 오래 다니는 사람보다 업의 방향을 바꾸고 새로운 선택을 하는 사람이 점점 더 많아지는 시대를 살아간다. 그런 만큼 지금 내가 어떤 방식으로 일하는지 중간중간 돌아보는 것은 앞으로 어떤 길을 걸어야 할지 정하는 데 중요한 기준이 된다. 하여 이 기록은 앞날을 준비하는 출발점이기도 하다. 아직 일할 시간은 많고 정리는 언제 시작하든 늦지 않다.

정리가 거창할 필요는 없다. 짧은 메모 한 줄, 마음에 남은 한 장면 그리고 함께 나눈 대화 한 대목이면 충분하다. 정리는 잘해서 의미가 생기는 게 아니라, 한 번이라도 멈춰 서서 그 시간을 다시 바라보는 행위 자체로 의미가 있다. 그 시간은 일의 방향을 바꾸기도 하고, 다음으로 나아갈 때 기준이 되기도 한다.

이 글을 읽고 있는 누군가에게도 권해보고 싶다. 지난 한 달이든, 한 해든 좋으니 짧게라도 정리해보기를. 책이나

글이 아니어도 좋다. 일하며 주고받은 메일 한 통, 회의에서 나온 메모 몇 줄, 함께 일한 사람과 나눈 대화 몇 대목. 그 작은 기록이 다음 단계를 위한 단초로 작용하기도 한다. 그렇게 모인 조각 속에서 우리는 지금 왜 이 일을 하는지, 어떤 방향으로 가고 싶은지 조금 더 또렷하게 마주할 수 있다. 그게 지금 우리가 팀워크를 기록하는 이유다.

차례

프롤로그 우리가 팀워크를 기록하는 이유 ▶ 6

1 시작

처음 판을 펼치는 법

- #1 어느 날 갑자기 꾸려진 팀 ▶ 16
- #2 첫 번째 미션, 꽉 찬 도화지에 그림 그리기 ▶ 23
- #3 유튜브라는 그라운드 ▶ 28
- #4 큰 그림 따윈 없다, 작은 그림부터 그린다 ▶ 34
- #5 피디와 기획자 ▶ 38
- #6 "제가 해볼게요" ▶ 45
- #7 덕후와 덕질 ▶ 50

2 파악

부딪치고 흔들리며 팀이 되는 법

- #8 다퉈봐야 알게 된다 ▶ 58
- #9 경쟁심에 휘청일 때 ▶ 64
- #10 "왜?"를 견디는 사람들 ▶ 70
- #11 SOS 신호를 보내는 방법 ▶ 75
- #12 계획형 J, 즉흥형 P의 공존 ▶ 79

OUTLIER

#13 말하지 못한 회의 ▶ 83

#14 불편함을 밀어붙이는 감각 ▶ 88

#15 각자의 방식으로 기여하는 팀워크 ▶ 92

3 (실행)

우리만의 리듬으로 움직이는 법

#16 순응하면 도태된다 ▶ 98

#17 매일 밤 밀라논나와 통화하는 이유 ▶ 103

#18 시니어 크리에이터와 왜 함께할까 ▶ 108

#19 유튜브 채널을 시작할 때 하는 고민 ▶ 113

#20 팬덤을 부르는 비밀 ▶ 119

#21 다 같은 시니어가 아니라고요 ▶ 124

#22 모두가 소름 돋는 순간 ▶ 129

#23 실패를 감지하고 설계한다 ▶ 134

#24 "해봤어?" ▶ 139

#25 0에서 시작하는 일 ▶ 144

#26 해본 적 없지만, 해내는 중 ▶ 149

PROJECT

4 (스킬)

일을 잘 굴러가게 하는 법

- #27 조회수의 비밀, 시행 횟수 ▶ 158
- #28 각자의 캐릭터, 각자의 속도 ▶ 164
- #29 좋아하는 것을 좋아하게 만들기 ▶ 169
- #30 아이디어 발굴 루틴 ▶ 175
- #31 첫 프로젝트의 무게 ▶ 182
- #32 생각이 통하는 대화 ▶ 187
- #33 회식이 아닌 데이트 ▶ 192
- #34 리더가 말하지 않는 것 ▶ 197

5 (성장)

회사 밖이 아니라 안에서 커가는 법

- #35 몰래 하는 야근 ▶ 204
- #36 조직에서 팀 지키기 ▶ 208
- #37 성실한 사람의 탈출 욕구 ▶ 213
- #38 일과 삶의 분리? 일치! ▶ 218
- #39 고통을 관람하지 않고 나눈다 ▶ 223
- #40 회복탄력성 ▶ 227
- #41 꼰대? 그게 뭔데? ▶ 233
- #42 다음 게임에서 이기면 되니까 ▶ 237
- #43 팀원에게 불만을 들었을 때의 대처법 ▶ 243

OUTLIER

6 (연대)

내일을 함께 만들어가는 법

#44 우리가 헤어졌을 때를 상상한다 ▶ 250

#45 우회로와 지름길 ▶ 256

#46 평범함과 비범함 ▶ 261

#47 나영석 피디님에게 받은 위로 ▶ 266

#48 네가 프로젝트를 맡아봐 ▶ 270

#49 누구에게나 사직서를 쓰고 싶은 날이 있다 ▶ 275

#50 좋은 선배, 좋은 후배는 없다 ▶ 280

에필로그 우리는 모두 누군가의 다음이 된다 ▶ 285

1

(시작)

처음 판을
펼치는 법

#1

어느 날
갑자기 꾸려진 팀

인생의 전환점은 언제나 조용히 찾아온다. 준비되었다는 신호도, 선택할 여유도 주지 않은 채. 내게는 7년 전 편집국장님의 호출이 그랬다.

"이 팀장, 회사 유튜브 좀 맡아줘. 중요한 시기야. 힘 실어줄게."

당시 나는 편집기자 12년 차였다. 기사 제목을 달거나 중요도를 판단해 유통 전략을 짜는 일이 적성에 맞아, 내심 커리어의 방향을 정한 시기였다. 물론 편집기자로 일하면서 기획이나 소셜 네트워크 서비스 운영처럼 새로운 미션이 주어질 때 몸 사리지 않고 프로젝트를 맡긴 했다. 그러나 그건 텍스트 기반 콘텐츠를 유통하는, 이를테면 기출 변형 같은 것이었다.

유튜브는 달랐다. 언론정보학을 전공하긴 했어도 영상 촬영과 편집은 내가 A부터 Z까지 전혀 모르는 일이었다.
"제가 빠지면 팀 운영에 지장이 있을 텐데요."
팀을 핑계로 설득을 시도했으나 편집국장님은 웃으며 말하셨다.
"조직과 자네 모두에게 득이 될 거야. 확실해."
명령, 아니 발령이 나면 움직여야 하는 곳. 그렇다. 여기는 회사였다.

익숙지 않은 언어와 규칙, 낯선 사람들로 이뤄진 유튜브라는 세계. 그렇게 나는 하루아침에 걸리버가 된 듯 새로운 세상에 표류했다. 그때만 해도 나는 몰랐다. 시사 콘텐츠부터 시니어 라이프스타일 콘텐츠, 공익 캠페인, 광고 영상까지. 기획부터 촬영, 편집, 마케팅까지 정말 너희가 다 하느냐는 질문을 수없이 받는 일을 해나갈 줄은.

이쯤에서 영상에 관해 잘 몰랐던 나와 함께 일해온 내 구원자들이자 미지의 세계, 가시밭길을 함께 걸어가고 있는 내 식구들을 소개하겠다.

재순 피디 1988년생, 팀의 기둥. MBTI는 ISTJ.
팀 내 유일한 I다. 영상 기자로 사회에 첫발을 내디뎠다. 이후 뉴미디어 스타트업에 도전했다 실패를 맛본 뒤 우리 팀에 합류했다. 말보다는 행동으로 신뢰를 쌓는다. 내성적이고 조용하지만 맡은 일은 척척 해내는 사람. 후배들이 먼저 찾아가 일을 묻고 싶어 하는 선배다.

신태 피디 1991년생, MBTI는 ENTP.
방송국 경험을 쌓고 뉴미디어 피디가 됐다. 자유롭고 독립적이라 별명이 고양이다. 호기심 많은 고양이가 작은 구석을 탐험하듯 매 순간 새로운 아이디어를 찾고, 틀을 깨는 도전적 시도를 좋아한다.

이향 기획자 1990년생, 팀의 맏언니. MBTI는 ENFJ.
방송작가로 일하다 콘텐츠 기획자가 됐다. 항상 팀의 분위기를 살피고 유연하게 만드는 능력이 있다. 반면 일할 때는 확실한 증거를 기반으로 움직이는 것을 좋아한다. 데이터 수집을 즐기는 우리 팀의 기록 창고다.

주연 피디 1994년생, MBTI는 ESTJ.
2018년 입사 이후 줄곧 영상 팀에서 일했다. 모션그래픽부터 보도 영상까지, 우리 팀에서 가장 다양한 유형의 영상 콘텐츠를 두루 만들어본 경험이 있다. 책임감 있게 끝까지 밀어붙이는 스타일이라 일을 맡으면 걱정 없이 해낸다. 우리 팀을 몸으로 비유하자면 중심축인 허리를 맡고 있다.

숙연 피디 1995년생, MBTI는 ENFP.
골든 리트리버가 사람으로 태어나면 이런 모습일지 모르겠다. 사람을 몹시 좋아해서 사람과 함께하는 모든 순간을 행복하게 여긴다. 덕분에 팀에서도 항상 밝은 에너지를 뿜어낸다. 그 에너지는 아마도 지치지 않는 체력에서 나오는 것 같다. 직장인 7년 차인데도 여전히 어떻게 하면 더 잘할 수 있을지 고민한다. 'P'답게 발등에 떨어진 불똥을 제일 큰 원동력으로 삼는다.

소현 피디 1995년생, 열정적인 막내. MBTI는 ENFP.
언제나 "하면 해! 일단 해!"를 입에 달고 산다. 한 번도 바뀐 적 없는 극 'ENFP'답게 새로운 도전에도 망설임 없이 뛰어든다. 좋아하는 일은 주저하지 않고 파고드는 '덕후'의 열정을 무기로 웹드라마와 TV 예능 조연출을 거치며

탄탄한 실무 역량을 쌓았다. 덕질도 해본 사람이 잘 안다고 사람들이 뭐에 열광하는지 누구보다 빠르게 읽고 마음을 움직이게 만드는 스토리텔러다.

나, 이경신 팀장 1982년생, MBTI는 ESTJ. 크게 눌러쓴 대문자 J. 외국계 포털 뉴스 에디터로 커리어를 시작해 언론사 편집기자로 경제·사회 이슈를 전방에서 다뤘다. 이후 뉴미디어 전환기에 콘텐츠 기획과 제작을 주도하며, '영상'이라는 낯선 과제를 커리어의 전환점으로 삼았다. 한때 완벽한 준비를 추구했으나, 영상은 준비만으로는 안 되는 일임을 깨달은 뒤 순발력을 기르려고 애쓰는 중이다. 리더로서 '결정을 미루지 않고, 책임을 회피하지 않는다'라는 원칙을 지키려 노력한다. "내 편이라서 다행인 사람", 팀원들이 건넨 한마디를 가장 자랑스럽게 여긴다.

#2

첫 번째 미션,
꽉 찬 도화지에
그림 그리기

팀이 꾸려지자마자 떨어진 첫 번째 미션은 이랬다.
"구독자 8만 명짜리 유튜브 채널을 리모델링해 다시 가동하라."

익힐 겨를도 없이 닥친 일이었다. 어쩌면 누군가는 이렇게 말할지도 모른다.
"이미 8만 명이나 있는 채널이라니, 꽤 괜찮은 시작 아니에요?"
나도 처음엔 그렇게 생각했다.

그러나 곧 알게 됐다. 유튜브는 단순히 영상을 쌓아두는 창고가 아니다. 독자가 책 표지와 목차를 보고 책을 고르는 서점과 같다. 시청 이력과 시간, 콘텐츠 주제, 제목, 해시태그. 이 모든 메타데이터가 어떤 영상을 누구에게 보여줄지를 결정한다.

6년 동안 8천 개가 넘는 영상을 아무 규칙 없이 업로드한 회사 채널은, 말하자면 정리하지 않은 거대한 창고로 알고리즘조차 길을 잃을 만한 미로였다. 우리는 정리부터 시작했다. 말 그대로 하나하나 열어보는 대청소였다.

첫 번째 문제는 '검색되지 않는 채널'이었다. 구독자가 8만 명, 영상이 8천 개인데 유튜브 검색창에 회사 이름을 쳐도 채널이 뜨지 않았다. 원인은 명확했다. 섬네일(대표 이미지)이 없거나 영상과 맞지 않는 제목이 붙어 있었고, 키워드는 엉뚱했다. 우리는 8천 개가 넘는 영상의 제목과 태그를 하나하나 손보기 시작했다. 종일 키보드를 두드리다 마지막 저장 버튼을 누른 시간이 새벽을 넘기는 날도 많았다. 이향 기획자는 엑셀 정리에만 열흘을 붙들렸다. 그래도 이 말 한마디가 우리 팀의 리듬에 활력을 북돋았다.

"제목 하나가 검색을 바꾸는 거라면 해보죠, 뭐."

두 번째 문제는 '정체성 없는 채널'이었다. 온갖 주제의 영상이 구획도, 질서도 없이 뒤섞여 있었다. 뉴스 요약,

인터뷰, 연예, 캠페인, 광고…. 다양한 실험 흔적으로 인해 아무것도 정돈되지 않은 상태였다. 우리는 영상 전체를 하나하나 다시 보며 주제와 성격에 따라 분류했다. 노출해야 할 영상, 감춰야 할 영상 그리고 아예 내리는 게 나은 영상까지 골랐다. 카테고리 정리만으로도 채널의 톤이 뚜렷해졌다.

세 번째 문제는 '브랜드 없는 디자인'이었다. 유튜브에서는 섬네일 하나만 봐도 '이건 그 채널 영상이구나' 하고 떠오르는 게 이상적이다. 그런데 영상마다 폰트도 색감도 제각각이었다. 나는 다른 뉴스 채널들을 학습하며 우리만의 섬네일 가이드를 만들었다.
"디자인을 통일해야 시청자도 우리를 기억할 거야."
우리는 새로 정립한 기준을 토대로 영상을 분리하고 적용했다. '메타데이터 최적화'라는 거창한 이름이 있지만, 우리는 이 모든 작업을 '과거를 다시 적는 일'이라고 불렀다.

놀라운 변화는 예상보다 빨리 찾아왔다. 딱 두 달 만에 유튜브 검색창에 회사 이름을 입력하면, 그동안 감춰져 있던 우리가 맨 위에 노출되기 시작했다. 어느 날 유튜브 코리아 담당자에게 연락이 왔다.

"어떻게 하신 거예요?"
"하나씩, 손으로 다 했습니다."
그는 웃었다. 그리고 덧붙였다.
"그걸 진짜 해낸 팀은 처음 봐요."

이 경험이 왜 특별하냐고? 청와대도 정권이 바뀔 때마다 유튜브 채널을 새로 만들며 같은 문제를 겪는다고 한다. 초기엔 이전 정부 채널이 계속 검색되거나 다른 뉴스가 우선 노출된다. 유튜브는 그것을 임의로 수정해주지 않는다. 이건 전 세계에 적용하는 원칙이라고 한다. 그걸 우리가 손으로 해결한 거다.
그 후 나는 유튜브 코리아가 주최한 행사에 우수 사례 발표자로 무대에 섰다. 화려하지 않은 시작, 하지만 분명한 발자국이었다.

작은 팀, 단순 반복, 조용한 수작업. 우리는 빛나는 성과보다 '기초 체력'을 먼저 쌓아야 했다. 그것이 우리의 첫 번째 미션이었다. 아무도 읽지 않는 과거를 정리하면서 누구나 볼 수 있는 미래를 준비하던 그 시간. 우리는 그렇게 그 바닥에서 첫 발을 내디뎠다.

#3

유튜브라는 그라운드

"이신태입니다."
그를 처음 만난 날이 선명하게 떠오른다. 재순 피디가 들어오기 진까지, 방송국 경험이 있는 팀원은 신태 피디가 유일했다. 직접 본 그는 생각보다 하얗고 앳된 얼굴이었다. 방송국 조연출은 밤낮없이 뛰어다니는 일이라 들었는데, 저렇게 맑은 얼굴로 어떻게 버텼을까. 그런 궁금증이 다 스쳐 가기도 전에 그가 첫마디를 건넸다.
"팀장님은 어떤 프로그램 만들고 싶으세요?"

그 질문에 나는 제대로 답하지 못했다. 실은 '내가 만들고 싶은 프로그램'을 한 번도 진지하게 생각해본 적이 없었다. 당혹스런 마음을 감추며 대답했다.

"팀원들과 차차 상의해서 방향을 잡으려고 해요. 하고 싶은 게 있으면 제안해주세요."

자리를 벗어난 뒤에도 그 질문이 한동안 마음속에 남아 나를 붙들었다. 나는 어떤 프로그램을 만들고 싶은가? 주어진 일을 잘 해내는 것에만 익숙한 내게 그의 질문은 낯설고 묵직한 돌덩이 같았다. 지금 돌아보면 그날의 그 질문이 〈밀라논나〉와 〈펄이지엥〉〈정희하다〉의 시작점인 듯하다.

질문의 답을 찾기도 전에 우리는 첫 프로젝트에 들어갔다. 첫 콘텐츠는 시사 오피니언 형식의 영상이었다. 매일이 실험이었다. 영상 제작은 계획대로만 흘러가지 않는다. 기획, 촬영, 편집은 분리된 게 아니라 마치 하나의 몸처럼 얽혀 있다. 다행히 신태 피디는 디테일에 강했고, 나는 흐름을 설계하는 데 집중했다.

그의 질문은 집요했다.
"팀장님, 논리 흐름이 이어지는 대목에서 갑자기 화면이 바뀌면 안 돼요."
"시간 없어. 곧 업로드인데?"
"그렇지만 이 공백은 설명해야 해요. 영상을 보는 사람은 느껴요. 그 이유는 몰라도."
"그래, 알겠어. 그런데 한 시간 안에 끝낼 수 있지?"
"해볼게요."

그는 앵글 하나, 자막 타이밍 0.1초 차이도 끝까지 붙들고 놓지 않았다. 나는 때때로 지치고, 때때로 의아했으나 그의 끈기가 담아낸 결과물에 결국 고개를 끄덕였다. 그렇게 우리는 서로를 조율하는 법을 배워갔다. 누구 하나의 고집으로 굴러가는 게 아니다. 한 사람은 멀리 보고 다른 한 사람은 세밀함을 지키며 하나의 화면이 만들어진다.

프로젝트는 예상보다 빠르게 반응을 얻기 시작했다. 영상 조회수보다 더 피부에 와닿은 건 회사 내의 반응이었다. "영상 잘 봤다"라는 인사와 "어떻게 만든 거냐"라는 질문이 쏟아졌다. 그런 말을 들을 때면 우리는 늘 말했다.
"맨땅에 수없이 헤딩했어요."

사실 그 말엔 꽤 많은 것이 들어 있었다. 크리에이터와 섬세하게 조율하느라 고생한 날들, 촬영 공간이 없어 국장실에 삼각대를 세워놓고 찍은 장면들, 더 좋은 화면을 구성하려 수십 번 편집한 파일들, 섬네일 한 장을 두고 의견이 갈라져 밤을 넘긴 날들.

우리는 모두 초보였다. 무엇이 정답인지 모르기에 더 많이 부딪치고 더 자주 토론했다. 당시 유튜브는 우리에게 완전히 미지의 세계였고, 경작하지 않은 들판이었다. 우리는 어디를 먼저 갈아엎어야 하는지 모르는 상황에 놓여 있었다. 그러나 경험이 없다는 건 오히려 자유였다. 우리는 기존 방식에 묶이지 않았고 실패해도 괜찮았다. 그 자유가 우리를 빨리 날아오르게 했다.

어느 날 신태 피디가 웃으며 말했다.
"우린 신인 감독과 신입 선수 같아요."
이 말이 꽤 마음에 들었다. 아무도 주목하지 않던 시절, 우리는 함께 배우고 실수하고 일어섰다. 그때 우리는 영상이 누구 한 사람의 의지만으로 만들어지는 일이 아니라는 걸 온몸으로 배웠다.

지금은 그때보다 팀이 훨씬 커졌고 더 많은 프로젝트를 경험하고 있다. 하지만 나는 그 첫 운동장의 감각을 잊지 않고 기억한다. 그라운드에 처음 발을 내디딜 때의 서툼과 긴장, 그리고 서로를 믿으며 완성을 향해 가던 손끝의 조율을.
유튜브는 우리에게 단지 플랫폼이 아니었다. 누군가의 기준을 따르는 게 아니라 우리가 기준을 세워 기록을 쓴 첫 무대였다. 나는 믿는다. 직감과 파고드는 힘, 서로의 의견을 조율할 줄 아는 동료가 있으면, 어디든 그곳은 우리의 새로운 무대가 될 수 있다고.

#4

큰 그림 따윈 없다, 작은 그림부터 그린다

"5분짜리 영상으로 3일 안에 만들어주세요."
정확한 원고도, 연출 방향도, 촬영 소스도 없었다. 단지 마감만 있었다. 그렇게 도착한 협조 요청서는 언제나처럼 간결하고 막막했다. 내용은 모호하고 시간은 부족하고 책임은 아무도 지지 않는 상황이었다. 회사에서 누구나 한 번쯤 겪는 익숙한 풍경이다.

나는 먼저 요청 내용을 '해석이 가능한 언어'로 바꿔야 했다. 요청대로 컴퓨터그래픽을 만들 수 있는 사람은 팀에 딱 한 명, 입사 6개월 차인 주연 피디뿐이었다. 잘 모르는 사람이 볼 때 컴퓨터그래픽 작업은 간단한 것 같지만, 1초에 30장의 장면을 하나하나 손봐야 하는 아주 지난한 작업이다. 그런 만큼 절대적인 시간 확보가 중요하다. 공교롭게도 이번엔 그럴 여유가 없었다.
"주연아, 마감까지 3일 남았대. 이렇게 촉박할 때는 디테일을 넣는 것보다 빼는 게 중요해. 일단 시간을 맞추는 게 우리 목표야."

주연 피디는 질문 없이 곧장 작업에 들어갔다. 전체 그림은 없었지만 작은 단위부터 차곡차곡 채워갔다. 주연 피디가 작업에 몰두하며 말했다.
"뭘 빼야 할지 정하는 게 어렵네요."
그래도 주저하거나 겁내지 않았다. 필요한 건 실행이고 지금 할 수 있는 첫 조각이었다.

영상은 예상보다 훨씬 더 명확하고 짜임새 있는 메시지를 전달했다. 혼자 작업해 제시간에 완성물로 돌아온 영상을 보고 나는 짧게 말했다.
"잘했어, 이 정도면 충분해."
그 말이 오래 기억에 남을 줄 그때는 몰랐다.

며칠 뒤, 주연 피디가 조심스럽게 말했다.
"팀장님, 지금까지 누가 제 결과물에 그렇게 말해준 적이 없었어요. 그날 밤에 이 정도면 충분하다는 말이 자꾸 생각났어요."

그 말을 듣고 오히려 내가 멈춰 섰다. 그에게 남은 건 결과물이 아니라 허락이었다. 완벽하지 않아도 괜찮다는, 지금 이 자리에서 할 수 있는 만큼이면 된다는. 그 작은 허락이 어떤 사람에게는 시작일 수 있다는 걸 나는 그날 알았다.

그날 이후, 나는 모든 팀원에게 같은 질문을 했다.
"지금 우리가 할 수 있는 첫 번째 조각은 뭐지?"
최종 도면을 가진 채 시작할 수 있다면 그건 행운이다. 대개는 빈 종이 한 장으로 일을 시작한다. 그때 우리에게 질문은 두려움을 밀어내는 실행언어였다. 불확실성은 사라지지 않지만 작은 실천은 언제나 가능하니까.

이 질문은 팀의 문장이 되었고, 우리는 언제나 기획을 '작은 단위의 실행 가능성'으로 분해했다. 디자인도, 영상도, 글도 마찬가지였다. 누가 잘하느냐보다 먼저 시작하는 사람이 있는가가 중요했다. 그렇게 우리는 '실행하는 문화'를 쌓아갔다. 그 문화는 지금도 우리를 관통하는 정신이다.
"큰 그림 따윈 없어. 일단 작은 그림부터 그리자."

#5

피디와 기획자

우리 팀에는 피디와 기획자가 있다.

"예술이 일이고, 일이 예술이 되는 사람."
나는 피디라는 직업의 정의를 그렇게 내렸다. 이스라엘로 출장을 다녀온 신태 피디에게 출장 에피소드를 듣던 중 무심코 그 말을 꺼냈다. 피디는 무슨 일을 하는 사람일까? 카메라로 영상을 찍고 편집하는 사람일까? 내가 겪은 피디라는 직업은 기술을 넘어 세계를 해석하는 일에 가깝다. 특히 우리 팀 피디들은 기획부터 촬영, 편집까지 전부를 맡는 멀티플레이어다.

신태 피디는 산업부 기자들과 함께 이스라엘과 핀란드의

스타트업 생태계를 다룬 다큐멘터리를 만드는 프로젝트에 참여했다. 그는 프로젝트를 맡자마자 관련 논문과 자료를 모으고 일주일간 수험생처럼 공부했다. 이스라엘은 군사 혁신, 핀란드는 정부 정책이 스타트업의 핵심 동력이라는 구조를 꿰뚫어냈다. 피디가 먼저 '맥'을 잡아야, 현장에서 의미 있는 화면이 만들어진다. 맥락이 있는 영상이 쌓여야 기자들이 원하는 메시지도 정확히 담을 수 있다.

피디는 질문자로서 학습을 멈추지 않는다. 영상은 모든 주제를 담을 수 있는 그릇이기에 우리 앞에 주어지는 미션도 매번 달라진다. 과학 전문 기자와 협업할 땐 우주, 생물학, 의학 같은 영역을 공부한다. 때때로 대학 시절에도 접해본 적 없는 영문 논문이나 학술지를 들여다보기도 한다. 기자들의 세계를 이해해야 화면이 정보를 품을 수 있기 때문이다. 기계적 편집을 넘어 타인의 전문성을 나의 언어로 번역하는 과정에서 피디는 조금씩 자신만의 틀을 넘어서는 시야를 얻는다.

피디는 외부 협업뿐만 아니라 〈밀라논나〉〈펄이지엥〉〈정희하다〉 같은 자체 콘텐츠를 제작할 때도 계속 공부한다. 패션이나 라이프스타일, 심리학 등 분야도 다양하다. 기술에 관한 공부도 빠질 수 없다. 매년 발전하는 드론 촬영 기술, AI 편집 툴, 카메라 장비도 익혀야 하기 때문이다. 시대 흐름을 놓치지 않기 위해 우리 팀은 서로 알고 있는 정보를 가르쳐준다.

우리 팀 피디들은 유튜브나 OTT를 통해 새로 나오는 영상들을 끊임없이 본다. 재미로 본다고 말하지만 사실 그들은 영상 속 음악을 메모하고, 화면 구성을 캡처하며 감각을 수집하는 것이다. 그렇게 매일매일 시야의 축을 넓히는 공부가 일의 일부가 된다.

피디라는 직업은 이 시대의 탐험가다. 카메라를 든 채 새로운 영역을 탐색하고 보이지 않는 개념을 시각으로 번역하는 사람. 이들의 하루는 세상의 복잡함을 이해하는 시도가 되며, 그 시도는 하나의 지도처럼 남는다. 그 지도 위에는 오늘 우리가 기록한 작은 질문 하나도 분명히 남아 있을 것이다. 그리고 그 질문이 우리의 다음 장면을 만들어갈 것이다.

"시작과 끝을 책임지는 사람."
나는 기획자라는 직업의 정의를 그렇게 내린다. 영상 제작은 피디의 손에서 빛을 얻지만 그 빛을 언제 어떻게 켤

지를 결정하는 사람은 기획자다. 우리 팀에서는 이 역할을 나와 이향 기획자가 맡고 있다.

기획자는 콘텐츠를 언제 어디에 어떤 방식으로 올릴지 결정한다. 마치 무대의 막을 올리기 위해 조명과 동선을 미리 설계하는 것과 같다. 기획자는 늘 캘린더를 본다. 크리에이터와 대화하고 광고주와 소통한다. 소통한 내용을 바탕으로 피디들과 콘텐츠의 방향을 정리한다. 흐릿한 구름 속에서 궤도를 찾아내는 일이랄까.

이향 기획자는 사람을 대하는 감각이 있다. 숙연 피디가 인턴이던 시절이었다. 학조부모, 즉 조부모가 부모 역할을 대신하는 가족을 주제로 한 콘텐츠를 함께 기획했다. 민감한 소재라 취재에 협조해주는 사람이 좀처럼 나타나지 않았다. 그러나 이향 기획자는 포기하지 않았다. 직접 당사자들께 전화를 걸어 이 시대에 왜 학조부모의 이야기가 필요한지를 설명하고 설득하고 만나서 또 설명했다. 카메라가 낯선 사람을 그 앞에 서게 하는 일은 단순한 친화력만으로 성사되지 않는다. 한데 이향 기획자는 명확한 기획 의도가 있었기에 끝내 그분들을 설득할 수 있었다.
기획자의 언어는 곧 방향이다. 하나의 콘텐츠를 향해 달려가는 수많은 사람의 내비게이션과 같다. 이정표가 있다면 그 길은 훨씬 단단하고 흔들림이 덜하다. 기획자의 무기는 소통이다. 누구와 소통하느냐는 매번 다르다. 크리에이터일 수도, 광고주일 수도, 내부 회의 테이블일 수도 있다. 대화의 질이 결과물의 품질을 결정한다. 어떤 기획은 논의 끝에 빛나고, 또 다른 기획은 대화 부재로 흐려진다. 기획자는 이 복잡한 톱니바퀴 사이에서 모든 회전을 부드럽게 만드는 윤활유다.

기획자는 시작을 책임지고 끝도 함께한다. 결과가 나왔을 때 우리 팀은 묻는다. 이 콘텐츠는 왜 예상보다 도달률이 낮았는지, 어떤 부분에서 시청자의 이탈이 있었는지. 결과를 읽고 다음을 설계하는 일도 기획자의 몫이다. 하지만 이 분석이 단지 수치의 나열이 되지 않기 위해서는 다시 한번 커뮤니케이션의 힘이 필요하다. 그 분석은 누군가에겐 평가일 수 있으니까.

데이터를 말로 바꾸는 데 능하고, 감정을 다치지 않게 피드백을 전하는 이향 기획자 같은 사람이 동료로 있다는 것은 행운이다. 좋은 기획자는 모든 것을 통제하지 않는다. 흐름을 읽고 리듬을 조율한다. 시작을 설계하고 끝에서 질문을 남긴다. 기획은 언제나 다음 프로젝트의 씨앗이다. 콘텐츠의 앞과 뒤를 잇는 조용한 설계자. 가장 많은 대화를 하지만, 가장 적게 이름이 남는 사람. 그게 바로 기획자다.

#6

"제가 해볼게요"

재순 피디가 입사한 지 한 달이 조금 넘었을 무렵이었다. 뒤늦게 그의 입사를 축하하는 회식 자리에서, 재순 피디가 우리 팀에 처음 왔을 때의 느낌을 말했다.
"저는 견고하게 다져진 팀에 새로 들어온 돌이라고 생각했어요. 모나지 않게 조용히 잘 버텨보자는 심정이었죠. 그런데 주위를 보니 옆에 있는 돌도 이제 막 굴러와 자리를 잡고 있더라고요."
그는 들어오자마자 팀을 꾸린 지 얼마 되지 않았다는 걸 귀신같이 파악한 듯했다.

재순 피디는 팀에서 나 다음으로 연차가 높은 경력자지만, 입사 순서로는 끝에서 두 번째였다. 그는 이번이 네 번째 새로운 시작이라고 했다. 그래서인지 큰 기대도 흔들림도 없어 보였다. 얼마 후 나는 그에게 제법 규모가 큰 프로젝트를 맡겼다. 재순 피디는 이미 팀에 익숙한 사람처럼 자연스럽게 움직였다. 그는 어떤 업무에 어떤 인력이 필요한지 알고 있었고, 빠르게 팀에 스며들었다.

프로젝트 후 소감을 묻자 그가 답했다.
"업무 자체는 이전 직장에서 하던 거라 크게 어렵지 않았어요. 사실 가장 신경 쓴 건 팀에 자연스럽게 스며드는 거였어요. 우리는 함께 일하는 사람들이니 팀워크를 가장 중요하게 생각했어요. 제가 이 팀에 처음 들어왔을 땐 이방인이었잖아요. 그 낯섦을 없애야 빨리 적응할 수 있다고 봤어요. 당시 팀도 끈끈한 분위기를 형성하기 전이라 사이사이 작은 틈이 보였어요. 저는 그 틈을 타서 스며들었다고 생각해요. 새로 시작한다는 건 그런 것 같아요. 자연스럽게 무리 없이 스며드는 것."

사실 새로운 팀에 들어가 관계를 맺는 건 도전이 필요한 일이다. 낯선 환경, 새로운 방식과 문화에 빠르게 적응해야 하니 말이다. 다행히 재순 피디에게는 문화가 유사한 조직에서 쌓은 경험이 있었고, 다양한 시도가 필요한 우리 팀의 상황을 긍정적으로 받아들였다.

후배가 거의 없던 이전과 달리 선배로서 팀의 흐름을 새로운 시각으로 바라보게 되었고, 놓쳤던 부분을 발견하면서 본인의 업무 역량도 키울 수 있었단다. 다만, 이전처럼 직접적으로 일을 배울 선배가 없다 보니 자신의 방식에 확신이 부족한 순간도 있었다고 했다.
"시간이 해결해주겠죠. 지금처럼 저와 팀을 믿고 꾸준히 해볼게요. 조급해하지 않는 게 무엇보다 중요하다고 생각해요."

그렇게 함께한 지 벌써 5년. 평소엔 후배들과 스스럼없이 지내는 재순 피디지만, 일할 땐 진지한 조언을 아끼지 않는 선배다. 새로운 프로젝트에 적응하던 소현 피디에게는 기존 팀원의 방식을 존중하며 자신만의 장점을 녹여내는 법을 연구해보라는 조언을 해주고, 아이디어가 고갈돼 힘들어하던 주연 피디에게는 혼자 끙끙대지 말고 팀원들과 적극 소통하며 팀의 목표를 이해하고 협업 방향을 찾아보라며 응원한다. 재순 피디의 조언은 길을 잃고 헤매는 후배들에게 든든한 이정표다.

팀이란 과업의 집합체가 아니라 서로 다른 사람들의 성장을 가능케 하는 관계망이다. 새로운 시작은 단지 새로운 업무를 맡는 것이 아닌, 관계를 맺고 문화를 만들어가는 일이기도 하다. 첫걸음은 누구나 두렵다. 조급해하지 말고 천천히 팀 안으로 스며들고자 한다면 그 이후는 시간이 해결해줄 거다. 재순 피디가 그랬던 것처럼.

#7

덕후와 덕질

팀을 꾸리고 첫 신입 사원을 뽑던 면접장. 왜 피디가 되고 싶은지 질문하자 소현 피디는 똘망똘망한 눈동자로 뜬금없이 농구 이야기를 꺼냈다. 말을 잇는 소현 피디의 표정은 설명보다 기억에 가까웠다.
"다섯 살 때였어요. 마지막에 역전 슛이 들어갔죠."
시간이 흘러서는 좋아하는 선수를 더 알리고 싶은 마음에 혼자 편집 프로그램을 익혔다고 했다. 처음엔 재미로 시작했는데, 어느 순간 그게 직업이었으면 좋겠다는 생각이 들었단다.

처음 빠져든 건 긴장감 넘치는 한 장면이었지만, 좋아하는 것을 오래 보는 습관은 지금의 일을 선택하게 만든 동력이 되었다. 그때 나는 소현 피디 안에 흐르는 몰입의 리듬을 느꼈다. **좋아하는 것을 오래 바라본 사람의 눈빛은 말보다 먼저 다가온다.** 나는 무언가에 깊이 빠져본 사람이야말로 만루홈런을 칠 가능성이 있다고 믿는다. 그렇게 소현 피디는 우리와 함께 일하게 되었다.

팀에 합류한 소현 피디는 늘 무언가에 집중했다. 말수가 적을 때도 눈은 쉬지 않고 움직였다. 새 크리에이터 발굴을 위한 회의를 하던 때였다. 사전조사 후 만나본 후보는 열 명에 가까웠다. 브리핑 중 김정희 선생님 이름이 나오자 소현 피디가 나지막이 목소리를 높였다.
"김정희 선생님과 함께해보면 어떨까요?"
그 말에는 어떤 욕심이나 계산이 느껴지지 않았다. 소현 피디는 마음이 움직인 표정을 지었다. 덕질을 해본 사람은 안다. 끌리는 대상을 만났을 때 사람이 어떻게 변하는지.

프로젝트를 시작하자 소현 피디는 김정희 선생님의 세계로 성큼성큼 걸어 들어갔다. 나는 그 과정을 옆에서 지켜보며 몰입이 사람을 어떻게 움직이게 하는지 배웠다. 소현 피디는 김정희 선생님이 자주 쓰는 표현, 물건, 말의 템포까지 모든 것을 흡수하려는 듯 움직였다. 어떤 날은 선생님이 좋아할 것 같은 가방을 골라 왔고, 또 어떤 날은 휴가차 떠난 여행지에서 선생님과 관련된 콘텐츠 아이디어를 들고 왔다. 소현 피디는 마음이 닿는 순간 바로 손을 뻗는 사람이었다.

"제 청바지가 예쁘다고 말씀하셨을 때 함께 동대문 쇼핑을 했으면 좋겠다고 생각했어요."
소현 피디는 연결된 감각을 지니고 있었다. 이내 그의 온 세상은 본인의 콘텐츠, 즉 김정희로 가득 찼다. 그때 나는 깨달았다. 이건 일의 방식이 아니라 감정의 언어였다. 자신이 좋아하는 것을 오래 지켜본 사람만 표출할 수 있는 섬세함 말이다.

때론 소현 피디의 그런 리듬이 팀 안에서 마찰을 일으켰다. 아이디어를 너무 빨리, 많이 던지는 바람에 간혹 다른 팀원이 정리해야 하는 일이 생겼다. 한번은 재순 피디가 조심스럽게 말했다.
"소현 씨, 템포가 빠른 건 좋은데 같이 따라가려면 숨이 좀 차요."
그 순간 나는 소현 피디의 표정을 살폈다. 당황도 아니고 억울함도 아니었다. 처음엔 조금 놀란 표정이었지만 금세 이해한다는 듯 조용히 고개를 끄덕였다. 그날 이후, 소현 피디의 타이밍이 달라졌다.

자신이 맡은 프로젝트가 아니어도 감각은 언제나 연결돼 있다. 소현 피디의 덕질은 혼자만의 몰입이 아니라 팀의 발화점이 되기도 했다. 시간이 흐를수록 나는 소현 피디가 지닌 속도의 결을 더 깊이 이해했다. 소현 피디는 '좋아함'을 말로 설명하지 않는다. 대신 계속해서 작은 정성을 쌓아간다. 언제나 가장 먼저 노트를 꺼내고, 선생님의 말 한 줄을 적고, 표정을 따라 읽고, 회의실에서도 조용히 주변을 둘러본다. 그건 일의 기술이라기보다 사람을 향한 시선의 구조다.

덕질은 단순하게 좋아한다는 감정이 아니다. 그건 깊게 들여다본다는 뜻이고, 그 시선에는 누구도 따라잡을 수 없는 진심이 담겨 있다. 소현 피디가 던지는 아이디어는 늘 '무언가를 더 잘 알고 싶은 마음'에서 출발한다. 그 마음은 혼자만의 확신을 넘어 팀 안에서 함께 나누는 감각으로 번져간다. 소현 피디의 덕질은 언제나 누군가를 향했다. 그리고 그 몰입은 우리가 만드는 콘텐츠를 조금 더 섬세하게 바라보도록 만드는 감도가 되었다.

2

(파악)

부딪치고 흔들리며 팀이 되는 법

#8

다퉈봐야 알게 된다

2021년 1월 12일, 하늘에 구멍이 뚫린 것처럼 함박눈이 쏟아지던 밤이었다. 재순 피디에게 전화가 왔다.
"팀장님, 지금 눈 폭풍 때문에 강변북로에 갇혀 있어요."
재순 피디와 이향 기획자는 일산에서 〈펄이지엥〉 촬영을 마치고 서울 사무실로 돌아오는 길이었다. 평소라면 한 시간 정도 걸리는 거리였으나 폭설에 도로가 마비됐다. 늦더라도 안전하게 돌아오라고 당부하고 기다렸다.

그들은 자정이 지나서야 회사로 돌아왔다. 무려 다섯 시간이나 걸렸다. 피곤이 잔뜩 묻어 있을 거라 생각했는데, 막상 마주한 재순 피디와 이향 기획자의 얼굴은 어딘가 개운해 보였다. 고생한 그들과 늦은 저녁을 함께하며 그들의 표정에 담긴 이야기를 들을 수 있었다.

촬영 준비 과정에서 생긴 작은 갈등이 시작이었다. 이따금 재순피디가 이향 기획자의 원고를 일부 수정하곤 했던 모양이었다. 그는 더 좋은 장면을 확보하고자 사전 정리를 도와주려는 마음으로 한 것이었지만, 이향 기획자는 본인의 업무 영역을 침범당한 기분을 느꼈던 것이었다.

그뿐 아니었다. 〈펄이지엥〉 첫 광고 영상에서 이향 기획자가 공들여 구성한 연출 장면을 재순 피디가 최종 영상에서 편집한 사실이 드러나면서 감정의 골이 더 깊어졌다. 이는 이향 기획자가 출연자와 광고주의 요청을 최대한 조율해 구성한 의미 있는 장면이었는데, 재순 피디는 "전체 영상 분위기와 맞지 않아서 뺐어요"라는 한마디로 넘어갔다.

이향 기획자는 당황하는 동시에 황당했다. 자신이 신경 써서 준비한 내용이 단 몇 초 만에 사라질 수 있다는 것, 더구나 그 결정이 '당연한 편집 권한'으로 받아들여진다는 것이 씁쓸했다. 참고 참은 이향 기획자의 서운함과 스트레스가 한계에 다다랐다.

그런데 하필 그날, 운명의 장난처럼 두 사람이 함께 차 안에 다섯 시간이나 갇힌 것이다. 어색한 침묵이 흐르던 순간, 이향 기획자는 가슴에 담아둔 말을 조심스럽게 꺼냈다.
"원고는 제가 책임지고 싶은 부분이었어요. 그런데 수정된 걸 보고… 조금은 무력했어요."
재순 피디는 멈칫하더니 말했다.
"난 도와준 거라고 생각했어요. 분량 조절도 필요했고, 현장에서 바꿔야 할 때도 있었고…. 그런 의도로 받아들여질 줄은 몰랐어요. 사과할게요."

조심스럽고 어색한 분위기였으나 대화는 계속 이어졌다.
"〈펄이지엥〉 첫 광고 영상 때, 제가 정성껏 구성한 장면이 잘렸어요. 출연자와 광고주 사이에서 얼마나 갈등이 심했는데요. 그냥 '맥락에 맞지 않는다'라는 말로 잘려 나가다니요. 출연진과 제작진, 광고주를 조율하는 것만 제 역할은 아니라고 생각해요. 저도 기획하는 사람인 걸요."
재순 피디가 잠깐 침묵했다가 입을 뗐다.
"맞아요. 현장에서도 그렇고 이향 씨가 준비하는 과정을 봤기 때문에 중요한 장면인 건 저도 충분히 인지했어요. 하지만 편집 과정에서 변수가 많아 빠질 수 있다는 것도 이해해줬으면 해요. 이향 씨를 충분히 설득하지 못한 부분은 제 불찰이에요."

각자 품고 있던 감정을 솔직하게 꺼내놓은 대화는 그동안 미묘하게 어긋난 서로의 시선을 이해하게 했다. 방식이 달랐을 뿐 '더 좋은 결과'를 만들고자 한 마음만큼은 서로 같았다. 차 안이라는 밀폐된 공간, 움직일 수 없는 상황이 아니었다면 아마 그런 대화는 나누기가 쉽지 않았을 터이다. 선배라는 위계를 내려놓고 먼저 사과한 재순 피디의 포용, 오해를 말로 꺼낼 용기를 낸 이향 기획자의 지혜가 절묘하게 어우러졌다.

그날 밤 작은 서운함과 오해가 눈송이처럼 녹아내렸다. 이후 그들의 관계는 달라졌다. 촬영 후 돌아오는 길은 자연스럽게 서로를 이해하는 시간이 됐다. 그들은 일뿐 아니라 사소한 일상과 고민, 기쁨까지 공유하기 시작했다. 선후배라는 구분도 의미가 없어졌다. 서로 필요할 때는 주저 없이 도움을 요청했고, 각자의 강점에 맞춰 일을 맡으며 팀워크를 다져갔다.

나는 그 변화를 지켜보며 깨달았다. 진짜 단단한 팀워크는 갈등과 싸움으로도 생길 수 있다는 것을. 서로를 이해하는 길이 멀고 험할수록 서로를 향한 마음은 더욱 가까워진다. 그날 얼어붙은 도로 위에서 진짜 팀이 만들어지고 있었다.

#9

경쟁심에
휘청일 때

"오늘부터 영상 팀에서 일하게 된 신소현입니다."
팀을 구성하고 1년 만에 신입 사원이 들어왔다. 소현 피디는 팀의 막내인 숙연 피디와 동갑으로, 둘 다 눈치가 빠르고 재기 발랄한 면이 닮아 있었다. 나는 강력한 막내 라인의 탄생을 직감하며 흐뭇했다.

나는 소현 피디를 숙연 피디와 함께 곧바로 현장에 투입했다. 그런데 내 레이더에 한 장면이 쓱 들어왔다. 소현 피디가 "선배, 이건 어떻게 할까요?"라고 물을 때마다, 숙연 피디가 어김없이 이렇게 답했던 것이다.
"아, 소현 씨. 그건 제가 할게요."

처음엔 후배를 배려하는 태도라고 생각했다. 숙연 피디는 늘 남을 배려하고 책임감있게 일하는 사람이었다. 혹은 현장인 만큼 차분히 설명하기 어려워서 그러는 것인지도 모른다고 넘겼다.
"선배, 이거는 어떻게 하는 거예요?"
"그거는 제가 할게요. 파일 넘겨주세요."
사무실에서 들린 소현 피디의 목소리에 이번엔 숙연 피디가 어떻게 반응할지 나도 모르게 귀가 커졌다. 뭔가 미묘한 긴장감이 느껴졌다.

며칠 뒤였다. 광고주가 갑자기 〈밀라논나〉 채널의 영상 마감을 당겨달라고 요청했다. 편집 일정을 조정하지 않으면 프로젝트 자체를 취소해야 하는 상황이었다. 나는 숙연 피디를 불러 일정을 조율했다.
"혼자 하기 벅차면 소현이에게 일부 맡기자. 같이 하면 가능하지 않을까?"
"팀장님, 저 혼자 해볼게요. 괜찮을 것 같아요."

나는 다시 한번 확인했지만 숙연 피디는 고개를 끄덕였다. 결국 그날 밤을 지새운 숙연 피디는 다음 날 피곤한 얼굴로 말했다.
"팀장님… 아무래도 혼자 하긴 좀 어렵겠어요. 소현 피디와 나눠서 해도 될까요?"
나는 곧바로 소현 피디를 투입했고, 영상은 간신히 마감에 맞춰 마무리했다.

며칠 뒤, 나는 숙연 피디와 함께 점심을 먹으며 조심스럽게 물었다.
"숙연아, 혹시 소현이한테 일 시키는 게 미안해서 그런 거야?"
한참을 고민하던 숙연 피디가 말했다.
"솔직히 말하면 좀 무서웠어요. 소현 피디가 저보다 잘하면 어쩌지 싶은 마음이요. 그게 싫었던 듯해요."

숙연 피디의 말은 꽤 솔직했다. 그건 사람들이 자기 안에서 자주 마주하는 감정이기도 했다.
"소현 씨가 처음 들어왔을 때부터 똑 부러지고, 더구나 동갑이라 자꾸 신경 쓰이더라고요. 내 영역을 금방 따라잡는 건 아닐까, 내심 불안했어요."
나는 가만히 고개를 끄덕였다.
"막상 함께 일해보니까 어땠어?"
"좋더라고요. 일을 분배하니 중요한 일도 더 집중해서 처리할 수 있었어요. 제가 아는 걸 알려줄수록 오히려 함께 나눌 수 있는 것도 많아지고요."

숙연 피디의 대답은 성장통을 겪어낸 사람만 할 수 있는 말이었다. 그는 불안을 원동력으로 바꿨고 시야가 넓어졌다. 성장 욕구가 강한 사람일수록 처음에 타인을 경쟁자로 인식하기도, 더 잘하고 싶은 마음에 자신보다 앞서가는 사람 앞에서 쉽게 위축되기도 한다. 누군가는 그 마음을 감춘 채 외면하고, 누군가는 정면으로 직시하며 성장 도구로 바꾼다.

이들이 불안을 긍정적으로 연소하도록 방향을 알려주는 것. 누군가를 따라잡는 속도가 아니라, 누군가와 나누는 깊이가 성장 기준이라는 사실을 자주 되새겨주는 것. 이것이 리더로서 내가 해야 할 일이다.

그날 이후, 숙연 피디는 눈에 띄게 달라졌다. 현장에서 노하우도 소현 피디에게 자연스럽게 건넸고, 편집 툴 단축키나 자막 세팅도 기꺼이 공유했다. 경쟁 감정을 해소하고 '함께 만드는 일'의 즐거움을 알게 된 것이다. 둘의 브레인스토밍은 점점 더 입체적으로 발전했고, 고민을 공유할수록 결과물은 세련미를 더해갔다. 숙연 피디가 소현 피디를 잠재적 경쟁자가 아니라, 함께 아이디어를 나누는 파트너로 받아들인 덕분이다. 숙연 피디의 말처럼 결국 나눌수록 그가 맡는 중요한 일은 늘어났다.

경쟁심은 사라지지 않는다. 하지만 그 감정을 두려움이 아닌 책임으로 바꾸는 순간, 사람은 리더의 감각을 얻는다. 숙연 피디는 그 리듬을 배워가고 있었다.

어느 날 숙연 피디가 사진 한 장을 보내왔다. 사진 속엔 바닐라라테 한 잔과 함께 손으로 쓴 쪽지가 있었다.
"선배, 늘 친절하게 알려주셔서 감사해요! 저도 더 많이 배워서 선배처럼 멋진 피디가 되고 싶어요. 앞으로도 잘 부탁드려요. 소현 드림."
사진 뒤에 덧붙여진 말은 이랬다.
"팀장님, 이게 함께 성장하는 맛인가 봐요."

경쟁심은 피할 수 없다. 그러나 그 감정을 다스리는 자만이 함께 성장할 수 있다. 나아가 경쟁심을 협동력으로 바꾸는 팀만이 지속적으로 성장할 수 있다.

부딪치고 흔들리며 팀이 되는 법

#10

"왜?"를
견디는 사람들

"팀장님, 오늘 회의 때 '왜?'라는 말을 몇 번이나 하셨는지 아세요?"

회의 직후 주연 피디가 웃으며 던진 말이다. 그날 우리 팀은 새 채널 방향을 논의했다. 크리에이터는 현재 최정상 K-POP 아이돌 외국인 멤버들에게 한국어를 가르친 선생님으로, 어떻게 크리에이터의 전문성과 세계관을 자연스럽게 풀어갈지가 핵심이었다.

주연 피디의 말대로 나는 회의 내내 '왜?'를 물었고 회의는 예정 시간을 훌쩍 넘기며 이어졌다. 흔한 일이었지만 그날은 주연 피디가 내 집요함에 약간 압박감을 느낀 모양이었다. 회의 초반에는 모두 비슷한 방향에서 의견을 나눴다. 어느 순간 주연 피디가 말했다.
"저는 좀 다르게 생각해요. 그 주제라면 사람들이 안 볼 것 같아요."
그 말에 나는 곧장 되물었다.
"왜 그렇게 생각해?"
주연 피디가 설명을 이어가자 나는 다시 질문했다.
"아이돌 중 누구를 좋아해본 적 있어? 팬클럽에 가입해본 적은? 주연이 네가 말한 방향에서는 누가 메인 타깃이야?"

내가 말한 '왜?'에는 불만이 섞여 있기보다 오히려 회의 문화를 향한 근본적 질문이 담겨 있었다. '왜?'라는 질문은 자칫하면 누군가를 시험하거나 추궁하는 것처럼 들릴 수 있다. 어떤 의견은 직관에서 시작하기에 말로 설명하려면 본래의 감이 흐려지기도 한다. 그런데 우리가 만드는 것은 단순한 기획서가 아니다. 콘텐츠는 '사람들이 보고 싶어 하는 이유'를 설득력 있게 드러내야 하는 결과물이다. 결국 '왜 그렇게 생각하는지' 설명하는 과정은 곧 대중의 시선을 예측하는 훈련이다.

나는 회의에서 '다수의 흐름'보다 '소수의 생각'을 더 오래 붙들고 싶다. 사람들이 대부분 비슷한 쪽을 바라볼 때, 그 틀 밖의 관점은 귀찮거나 불편하게 느껴질 수 있다. 그러나 진짜 중요한 아이디어는 언제나 경계 밖에서 나온다. 이런 이유로 나는 회의에서 소수의 의견이 나올 때마다 '왜?'를 반복한다. 대답을 듣기 위해서가 아니라 그 생각의 뿌리를 함께 찾기 위해서다.

정답이 없는 콘텐츠 세계에서 우리는 늘 '사람들에게 먹힐까?'를 가늠해야 한다. 우리 회의는 아이디어를 늘어놓는 자리가 아니다. 질문을 견디고, 설명을 붙이고, 다시 다듬는 시간이다. 어쩌면 '왜?'는 의견을 흔드는 질문이 아니라, 의견을 지탱하는 뿌리를 찾는 질문인지도 모른다. 질문은 늘 부담일 수 있다. 그러나 그 부담을 받아들이는 팀원의 태도는 내게도 가르침을 준다.

그다음 주, 회의를 시작하려는데 주연 피디가 먼저 말을 꺼냈다.
"제가 지난주에 좀 긴장했는데요. 이번 주 팀장님의 '왜?' 공격에 방어할 준비를 하면서 제가 어떤 그림을 그리고 싶은지 더 또렷하게 알게 됐어요. 준비됐습니다!"
이 말을 듣고 나는 확신했다. '왜?'는 누군가의 의견을 깎는 말이 아니라, 그 생각의 구조를 더 단단하게 세워주는 과정이라는 것을. 나는 주연 피디에게 말했다.

"우리가 하는 일은 결국 사람들이 왜 이걸 보고 싶어 하는지 끝까지 따라가는 일이야. 그러니 계속 물어볼 수밖에 없어. 왜?"

우리 팀 회의는 절대 짧지 않다. 어떤 날엔 두세 시간이 지나도 결론이 나지 않는다. 그래도 나는 그런 시간이 꼭 필요하다고 본다. 다름을 확인하고 생각을 가다듬는 시간. 질문이 쌓이는 만큼 콘텐츠는 단단해진다.

여전히 회의는 '왜?'로 시작해 '왜?'에서 끝난다. 질문을 피하지 않는 태도가 우리 팀의 가장 단단한 방식이다. 때론 질문이 귀찮고 부담스럽지만 우리는 결국 그것이 생각의 두께를 만드는 가장 좋은 훈련이라는 걸 함께 체득하고 있다.

#11

SOS 신호를
보내는 방법

팀 단체 채팅창에 "정통 go?"라고 뜨면 이것은 SOS 신호다. 정통호프는 회사에서 1분 거리에 있는 맥줏집 이름이다. 부담 없이 맥주 한잔을 하며 이야기를 나눌 수 있는 작고 정겨운 공간이다. 우리는 '얘기 좀 하자'라는 누군가의 부름을 외면하지 않는다.

그날 〈펄이지엥〉의 광고 기획을 담당한 이향 기획자가 브랜드와 대행사 사이에 낀 채 진이 빠져 있었다.
"브랜드는 더 많은 노출을 원하고, 크리에이터는 부담스러워하고, 구독자는 광고를 싫어하고, 회사는 수익을 내야 하고…. 어느 장단에 맞춰야 할지 모르겠어요."
우리 팀이 늘 부딪히는 숙제다. 수익 창출과 구독자 반응, 크리에이터의 피로감. 이 셋은 뫼비우스의 띠처럼 풀리지 않는 고리다. 술잔을 마주하고 우리는 말없이 동의했다. 힘들 때 묵묵히 내 곁을 지켜주는 존재가 있는 것만으로도 치유되는 경험을 해본 직장인이면 누구나 공감하리라.

"휴, 오늘 힘들어서 그런지 맥주가 더 시원하네요."
어느 정도 감정을 해소하자 이향 기획자의 입에서 곧바로 다음 이야기가 나왔다.
"차라리 유튜브 쇼핑 라이브는 어때요? 영상 광고보다 부담도 덜하고, 실시간 반응도 볼 수 있고."
이향 기획자의 피로감이 전략으로 바뀌는 순간이었다.
"그래, 유튜브 측에서 쇼핑을 전략적으로 키우고 있잖아. 구독자가 어디서 사냐고 물어보던 제품들, 이참에 연결하고 우리는 데이터를 얻어보자."

그날 이후, 우리는 쇼핑 라이브를 새 프로젝트로 삼았다. 한 달간의 준비 끝에 진행한 쇼핑 라이브 방송을 끝낸 날에도 우리는 역시나 정통호프로 향했다. 그날도 힘든 점으로 시작한 대화는 잘한 점, 반성할 점, 다음 전략까지 꼬리를 물고 이어졌다. 정통호프는 일종의 우리 팀 감정 정리소이자 전략 브리핑룸이었다.

한 사람의 고민이 모두의 방향으로 물꼬를 트는 자리. 감정이 문제 제기로 바뀌고, 문제 제기가 전략으로 뒤집히는 흐름. 이것이 우리 팀의 감정 관리 시스템이다. 가끔은 커피잔보다 맥주잔을 곁들였을 때 회의가 더 매끄럽게 흘러간다.

광고주와 한참 전화로 씨름하고 나니, 팀 단체 채팅방에 메시지 알림이 울렸다.
"팀장님, 정통 go?"
매일매일 날아드는 총알에 대비하고 맞서 싸워야 하는 직장인의 하루. 그 와중에도 함께 싸워줄 전우가 있다는 건 우리가 이 일을 계속하는 하나의 이유다. 이유 없이 버티기엔 고된 현실에서 우리 팀은 정통호프에 간다.

#12

계획형 J, 즉흥형 P의 공존

요즘 사람을 이해할 때 MBTI를 빼놓기는 어렵다. 물론 고작 알파벳 네 글자만으로 한 사람을 다 설명할 수는 없지만, 협업에서는 성향을 이해하는 출발점 역할을 해주기도 한다. 특히 우리 팀처럼 변화가 많은 환경에서는 서로의 성향을 아는 것이 중요하다.

콘텐츠 제작은 처음부터 끝까지 계획대로 흘러가는 경우가 드물다. 기획, 섭외, 촬영, 편집, 검수까지 과정마다 변수가 생기고 처음 설계한 방향을 수차례 조정하기 일쑤다. 그 과정에서 사람의 성향은 결과보다 '일을 진행하는 중'에 더 뚜렷이 드러난다. 누군가는 꼼꼼하게 설계를 지키고 또 누군가는 흐름을 따라 유연하게 판단을 바꾼다.

중요한 것은 그 다름을 어떻게 받아들이고 조화롭게 진행하느냐에 있다.

대학교 홍보 영상을 제작할 때의 일이다. 주연 피디는 사전에 수백 쪽에 달하는 대학 측 자료를 꼼꼼하게 읽고, 인터뷰 질문지를 구성하고, 촬영 흐름을 계획했다. 그런데 촬영 현장을 맡은 신태 피디와 숙연 피디는 예상치 못한 학생들의 반응에 맞춰 주연 피디가 준비한 질문을 즉석에서 유연하게 수정했다. 결국 이들은 주연 피디가 준비한 구조와 다른 인터뷰 영상을 촬영했고, 이를 받아 본 주연 피디는 당황했다.

예상한 방향과는 달랐지만, 결과는 기대 이상이었다. 틀을 벗어난 흐름 덕분에 영상은 오히려 더 풍성해졌고 예정에 없던 장면들이 분위기를 살렸다. 주연 피디는 고개를 끄덕였다.
"예상 밖의 촬영 장면이 오히려 도움을 주었어요. 이런 흐름은 예측할 수 없었죠. 계획에서 벗어났다고 꼭 나쁜 결과가 나오는 건 아니네요."

이 말을 들으며 나는 다시금 생각했다. J와 P의 차이는 단순히 '계획적이냐, 즉흥적이냐'가 아니다. 어쩌면 **'불편함**

을 어디까지 감내할 수 있느냐'의 차이일지도 모른다. 계획형인 주연 피디는 꼼꼼히 준비하는 성향이라 혼란을 불편해했고, 즉흥형인 신태 피디와 숙연 피디는 변화에 반응하며 가능성을 찾아냈다.

그 둘의 다름이 충돌이 아닌 '팀워크의 기반'이 되려면 무엇보다 신뢰가 중요하다. 계획 없이 움직이면 혼선이 생기고, 즉흥적 대응 없이 고집하면 유연성을 잃는다. 콘텐츠 제작은 늘 그 두 지점 사이를 오가는 일이다.

기획자도 현장을 경험해야 하고, 피디도 기획의 기본을 이해해야 한다. 팀워크는 서로의 성향을 뭉개는 게 아니라 조율하면서 탄탄해진다. 서로 다른 결이 공존하는 그 한가운데서 더 나은 결과물이 태어난다. 그것이 내가 믿는 협업의 공식이다. 우리 팀은 모두 J고 P다.

#13

말하지 못한 회의

그 주는 유독 고단했다. 〈밀라논나〉와 〈펄이지엥〉 영상 촬영이 세 건 겹쳤고, 그중엔 광고도 있었다. 머피의 법칙일까. 일정이 바쁠 때는 외부 프로젝트도 유난히 요구사항이 많다. 이대로라면 일정 안에 편성하는 게 위태롭겠다는 경고등이 내 머릿속을 울렸다. 어느새 나는 "이 일정 맞출 수 있을까?"라는 질문에 매몰되었다.

그날 회의에서 나는 의식적으로 시간을 단축하려 했다. 평소처럼 다양한 의견을 모으기보다 결정이 필요한 쪽으로 대화를 유도했고, 서둘러 정해진 안건을 확인했다. 결국 회의는 내가 예상한 시간에 맞춰 끝났다. 모두 별말 없이 회의실에서 나갔다.

나는 순조롭다고 판단했고 무엇이 잘못되었는지 눈치채지 못했다. 점심시간, 탕비실에서 마주친 주연 피디가 슬쩍 이야기를 흘렸다.
"팀장님, 아까 회의 때 숙연이가 뭔가 할 말이 있는 것 같던데요."
그제야 나는 회의실에서 본 숙연 피디를 떠올렸다. 회의 중 그는 분명 뭔가를 말하려다 말고, 펜으로 책상을 가볍게 톡톡 쳤다. 그때 나는 그것을 시간이 부족해서 생긴 반응이라고만 여기고 넘겼다.

그날 저녁, 숙연 피디에게 전화를 걸었다.
"아까 회의 때 얘기를 충분히 못 들은 것 같아서. 뭔가 할 말이 있었니?"
숙연 피디는 차분히 말했다.
"팀장님, 평소엔 저희 얘기 들어주시잖아요. 그런데 오늘은 계속 '그러면 일정은?' 이렇게 대화가 흘러가서 제가 새로운 아이디어를 꺼내면 안 될 것 같았어요."

갑자기 머릿속이 복잡해졌다. 분명 평소와 다르게 행동한 건 나였다. 일정에 쫓겨 평정심을 잃은 것도 나였다. 팀이 공유하는 리듬을 무너뜨린 것도, 조율을 생략한 것도 일방적인 내 결정이었다. 그날 숙연 피디가 말하지 않은 게 아니라, 내가 말할 자리를 없앤 것이었다.

다음 날 아침, 숙연 피디에게 어제 말하지 못한 아이디어를 물었다. 숙연 피디는 밀라논나의 옷 수선 비법을 보여주는 영상에서 다른 이의 옷 수선을 의뢰받는 콘셉트를 제안했다. 옷 수선을 이미 경험해본 4050 타깃보다 2030 타깃이 영상을 보고 '나도 내 옷을 버리지 말고 수선해서 입어볼까'라는 생각이 들어야 바이럴이 될 거라는 설명이었다. 듣고 나니 정말 중요한 아이디어였다. 단순한 의견 하나가 아니라, 아무리 바빠도 빠뜨릴 수 없는 퍼즐이었다. 그날의 촬영 기획 방향과 메시지를 완성해줄 아주 중요한 퍼즐 말이다.

전날 나의 회의 진행 방식은 전체 프로젝트 일정을 맞추는 데는 적합했을지 몰라도, 최고의 완성도를 끌어내는 방법이었느냐는 질문에는 고개를 저을 수밖에 없었다. 무엇보다 팀원의 '말할 자리'를 없앰으로써, 아이디어를 꺼내지 못한 팀원의 아쉬움이 오래 남을 수 있었다.

나는 깨달았다. 팀장은 누군가의 의견을 말로 막지 않아도 분위기로 막을 수 있는 사람이다. 내가 만든 리듬 안에서 말하지 못한 사람은 사실 말하지 않은 게 아니라, 말할 타이밍을 잃은 것일 수 있다. 리더십은 이 리듬을 세밀하게 조율하는 감각이다. 그날 이후, 나는 조율자의 감을 놓치지 않으려고 더욱더 안테나를 세운다.

#14

불편함을
밀어붙이는 감각

우리 회의가 평범하거나 안정적으로 흐를 때 작동하는 억제기가 있다.

"이거 늘 하던 느낌 아니에요?"

무례하진 않아도 확실히 날카로운 신태 피디의 한마디다. 그에게는 '엣지edge'라고 부르는 감각이 있다. '끝' '모서리' '날' 같은 물리적 가장자리나 경계라는 뜻이다. '개성' '독창성' '날카로움'을 의미하기도 한다. 그러니까 **엣지란 다름을 끝까지 밀어붙일 줄 아는 태도이자, 불편함을 감수하고 끝까지 자기 감각을 밀어붙이는 용기다.**

한동안 휴식기를 보내고 〈밀라논나〉 시즌2를 준비하던 때도 그랬다. 우리는 시즌2 본편 영상에 앞서 컴백을 알리는 30초짜리 티저 영상을 기획하는 중이었다. 그때까지 나온 아이디어는 대체로 무난했다. 깔끔한 컷, 음악, 시즌1과 이어지는 감정선. 그 순간, 신태 피디가 제안한 건 전혀 다른 그림이었다.
"사람들이 STOP하게 만들어야 해요."

신태 피디가 머릿속에 그리는 장면을 묘사했다. 의도적으로 흐릿하게 만든 영상과 왜곡한 사운드, 밀라논나의 뒤를 쫓는 카메라 워킹, 마지막 장면에서 클로즈업으로 환하게 웃는 정면 숏. 논리보다 감각에 가까운 설명이었지만 묘하게 설득력이 있었다. 시즌2를 시작하며 우리가 만들어내고 싶던 '익숙함'과 '새로움'이었다. 같은 감각이 동시에 우리를 휘감았다. 모두가 소름이 돋는 순간이 찾아온 것이다.
"그래, 이거다! 이게 지금 우리가 만들고 싶은 콘텐츠구나."
그 콘텐츠는 실제로 〈밀라논나〉 시즌2로 돌아온 우리의 감각을 증명해 보였다.

우리 팀에서 엣지란 한 사람의 성향이 아니라 하나의 역할이다. 누군가는 불편을 던지고, 누군가는 그 불편을 해석하며, 또 누군가는 그것을 감각 위에 올려놓는다. 그 과정은 콘텐츠를 기획하는 방식이기도 하다. 단순히 클릭하게 하는 것이 아닌 어떤 장면에서 정지 버튼을 누르게 하는 것. 일시적 호응보다 오래가는 질문을 남기는 것. 그것은 우리 팀이 콘텐츠로 추구하는 감정의 밀도와 맞닿아 있다.

불편한 기획은 리스크가 크다. 때론 외롭고, 때론 쉽게 거절당한다. 하지만 **팀 안에 불편을 감각적으로 해석하는 사람이 있을 때, 리스크는 하나의 시도로 바뀐다.** 우리 팀은 그 불편을 두려워하지 않는다. 그걸 감수할 만한 이유가 있다는 걸 알고 있어서다.

엣지는 누가 갖느냐가 아니라 팀이 어떻게 견디고 끌어안을 수 있느냐의 문제다. 우리는 *그걸* 해보았고 지금도 실험 중이다.

#15

각자의 방식으로 기여하는 팀워크

팀워크에 좋은 영향을 끼치는 사람은 어떤 사람일까? 우선 밝은 에너지로 분위기를 좋게 만드는 친절한 사람을 떠올리기 쉽다. 하지만 때로는 말보다 행동으로 조용히 기여하는 사람 덕분에 팀워크가 더 단단해진다.

신태 피디는 말보다 '행동의 온도'로 팀의 분위기를 이끈다. 대표적인 예가 그의 출근길 커피다. 팀원들이 커피를 가장 마시고 싶어 하는 그때, 그는 각자의 취향을 기억해 커피를 사 오곤 한다. 누군가는 아이스아메리카노, 누군가는 따뜻한 라테. 각자의 취향에 맞춰 사온 커피를 말없이 책상 위에 올려두고 가는 그의 세심함은 분명한 의사 표현이다.

'나는 당신의 리듬을 보고 있다. 오늘도 같이 버텨보자.'

어느 날은 팀원들에게 소개팅을 해주겠다고 나섰다. 평소의 그와 결이 다른 제안이었는데 특유의 진지한 태도가 배어났다. 그는 팀원에 맞춰 소개할 상대의 성격, 취향, 라이프스타일까지 분석해 마치 기획서라도 만들 듯 신중하게 판단했다. 팀원들의 성향과 취향의 디테일까지 관찰하고 기억하지 못하면 어려운 일이었다.

신태 피디의 모습은 우리 팀이 중요하게 여기는 원칙과도 맞닿아 있다.
'각자의 방식으로 팀에 기여한다.'
모든 사람이 적극 나서지 않아도 괜찮다. 말을 많이 하지 않아도, 감정을 쉽게 표현하지 않아도, 누군가는 조용한 방식으로 팀을 살핀다.

불타오르는 장면을 찍어야 할 때 숙연 피디는 강풍기를 꺼내 들고 달려가고, 거기에 휘발유를 가져다 붓는 것은 막내 소현 피디다. 주연 피디는 땔감이 중간에 바닥나지 않도록 조율한다. 그게 영상으로 잘 찍히고 있는지 보는 게 신태 피디다. 불이 위험하게 옮겨붙지 않는지 살펴보는 것은 재순 피디, 소방서에 신고했는지 확인하는 것은 이향 기획자, 불을 언제 붙이고 끄는지 결정하는 것은 내 몫이다.
우리는 안다. 좋은 팀이란 모두가 똑같이 움직이는 팀이 아니라, 서로 다른 리듬과 민감도를 지닌 사람들을 적절히 배치한 팀이라는 걸. 서로를 보완하며 버텨주는 사람들이 모였을 때, 그 팀은 오래간다.

팀워크는 서로 다른 방식의 기여를 존중하는 것이다. 그 다름이 오히려 우리 팀을 유연하고 넓게 만들어준다.

3

(실행)

우리만의 리듬으로 움직이는 법

#16

순응하면 도태된다

"회사에 다니면서 깨달은 건 하나야. 생각 많은 사람이 먼저 나간다는 거."
대기업 퇴사 후 친구가 털어놓은 말이다. 학벌도, 경력도 손에 꼽히는 인재들이 모였지만 조직은 늘 예측보다 낮은 결과를 냈다고 했다.
"윗사람이 자기 말을 잘 듣는 사람한테만 기회를 많이 주니까."
이 말은 조직에서 느낀 피로감이자 무력감이었다.

나는 그 말을 오래 곱씹었다. 조직은 본능적으로 안정성을 원한다. 익숙한 방식이 가장 빠르고, 의견 충돌이 없는 구조가 가장 매끄럽다. 그러나 그런 관성적인 패턴을 반복할수록 조직은 점점 '결정할 수 없는 조직'으로 전락한다. 어떤 아이디어도 끝까지 밀어붙이지 못한 채 순응만 남는다.

순응하면 도태된다! 이 말은 우리 팀의 신념이기도 하다. 우리는 버티기 위해, 살아남기 위해, 관성에 질문을 던지며 여기까지 왔다.

처음 팀을 조직할 무렵, 우리에게 주어진 미션은 취재 영상을 만들어 기사에 붙이는 것이었다. 뉴스의 일부를 영상으로 만들고 그걸 그대로 유튜브에도 활용한다는 방향이었다. 당시엔 이미 여러 방송사가 유튜브용 뉴스를 생산하고 품질을 한껏 끌어올린 상태였다. 그들은 영상소스가 풍부했고 인력 규모도 우리보다 몇 배는 컸다. 후발 주자인 우리가 그 흐름을 그대로 따라간다면, 우리가 맞이할 결과는 뻔했다.

"왜 사람들이 우리 영상을 봐야 하지?"
스스로 질문을 던졌고 물음 끝에 지금의 전략이 나왔다. 우리가 해야 할 일은 '남과 다를 바 없는 평범한 취재 영상'이 아니라, '우리만 만들 수 있는 콘텐츠' 제작이었다.

국장실 문을 두드렸다.

"국장님, 이 방향으로는 승산이 없습니다. 우리만의 콘텐츠를 만들어보고 싶습니다."

그 말을 꺼내기까지 내 안에서도 시간이 필요했다. 아직 결과는 없었지만 방향은 확신했다. 이 실험은 방향을 바꾸자는 요청이자 조직의 관성에 질문을 던지는 일이었다. 다행히 회사는 그 실험을 받아줬다.

국장님은 짧게, 그러나 충분히 말하셨다.
"이 팀장이 그렇게 생각하면 한번 해봐요."
나는 지금도 그 말을 기억한다.
그건 신뢰의 언어였고 이 팀의 출발선이었다. 물론 언제나 실험을 허용받는 건 아니다. 실험을 허용하도록 기회를 만들어주는 리더와 조직은 생각보다 많지 않다. 만약 우리가 그런 행운을 만난다면, 해야 할 일은 또 한 번 질문할 용기를 잃지 않는 것이다.

우리 팀은 늘 관성에 맞서는 쪽을 택했다. 관성에 틈을 내려면 신뢰의 무게를 꼭 기억해야 한다. 기회는 종종 허락이 아니라 그 허락 이후의 태도로 증명된다. 허용된 실험이 진짜 가치 있는 도전이 되려면, 그 순간을 소비하지 않고 확장해야 한다. 그 실험이 왜 필요했고 무엇을 가능하게 하는지 끊임없이 설명하고 설득해야 한다. 그래야 한 번의 기회가 다음으로 이어진다.

그래서 우리는 회사의 허락을 곧 팀의 책임으로 받아들였다. 〈밀라논나〉 등 오리지널 콘텐츠를 만드는 실험은 흥미로운 시도이기 전에 팀이 회사의 믿음을 지켜낸 방법이기도 했다. 그 신뢰가 유지되는 한 조직은 새로운 제안을 들어줄 이유를 잃지 않을 것이다. 결국 실험의 본질은 한 번의 결과가 아니라, 다음 시도를 가능하게 만드는 신뢰의 축적에 있다.

실험을 멈추는 순간 팀은 단지 유지를 위한 체계로 남는다. 반면 계속 성장하는 팀은 실험을 질문으로, 질문을 전략으로 바꿔나간다. 그래서 나는 오늘도 방향보다 가능성을 먼저 본다. 지속보다 갱신을 택하고 정답보다 질문을 택한다. 나와 팀이 도태되지 않도록 하려는 몸부림이다.

#17

매일 밤
밀라논나와
통화하는 이유

"매일 통화한다고요?"
가끔 누군가가 묻는다. 어떻게 그토록 자주, 꾸준히 밀라논나와 연락을 주고받느냐고. 나는 대답 대신 조용히 고개를 끄덕인다. 그건 일이라기보다 거의 생활에 가까운 리듬이다.
하루를 시작하거나 마칠 때, 내가 먼저 선생님에게 연락을 드린다. 내 요즘 마음을 건드리는 기사를 꺼내 드리면 선생님은 오래 담아둔 책을 건네주신다. 내가 새로운 기술을 소개하면 선생님은 흥미로운 이야기를 되돌려주시고, 요즘 사람들 마음이 어디쯤 가 있는지 서로 짚는다.

그런 대화는 겉보기에 사적이지만, 내게는 매우 구체적인 목적이 있다. 한 사람의 세계관을 어떻게 오늘의 언어로 꺼낼 것인가? 나는 제작자로서 매일 이 질문을 품고 있다. 우리는 형식이 정해지지 않은 채널을 만든다. 각본 없이 살아가는 한 사람의 이야기에서 매번 새로운 콘텐츠를 길어 올려야 한다. 그래서 더 정직해야 하고, 더 치밀해야 한다.

사람들은 종종 묻는다.
"어떻게 백 편이 넘는 다른 이야기를 만들어냈나요?"
내 대답은 하나다.
"우리는 한 사람의 인생을 진짜로 들여다보았으니까요."

장명숙 선생님의 인생은 그 자체로 하나의 '세계관'이다. 나는 그 세계관을 가만히 발굴하고, 지금 우리가 처한 현실의 온도에 맞춰 꺼내 보인다.
예를 들어, 선생님은 젊은 시절부터 심리학에 깊은 관심이 있으셨다. 보육원 봉사를 계기로 마음의 구조를 알고 싶어 공부를 시작했다는 얘기를 들은 적이 있다. 그 기억이 오랫동안 내 머릿속에 남아 있었다. 그리고 사회에 잇단 사건과 사고가 벌어져 모두가 감정적으로 무너져 있을 때, 나는 그 기억을 다시 꺼냈다. 그렇게 시작한 것이 '아미치 멘탈 지키기 프로젝트', 우리가 '아지트'라 부르는 고민 상담 시리즈다.

이야기의 출발점은 언제나 선생님의 세계다. 그리고 내가 하는 일은 그 세계에서 발견한 단서를 오늘의 언어로 바꾸는 일이다. 선생님이 국내 호텔의 인테리어를 자문하신 이력을 알고 있었기에, 코로나19 시기 사람들이 집에 오래 머물며 공간 감각을 되묻기 시작했을 때 선생님 집을 공개하는 영상을 기획할 수 있었다. '호텔 안 부러운 내 집 인테리어'라는 제목으로 공개된 콘텐츠에서는 단순한 집 꾸미기를 넘어 40년간 나무를 키우는 한 사람의 태도와 그런 정성으로 삶을 채워나가는 자세를 전한 덕분에 더 뜨거운 반응을 얻었다.

죽음 이야기도 마찬가지다. 선생님의 가까운 지인이 연이어 세상을 떠났을 때, 나는 한밤중 통화에서 그 슬픔을 덤덤히 풀어내시는 선생님의 이야기를 들었다. 그 담담함 속엔 긴 세월의 통찰이 녹아 있었다. 문득 요즘 사람들이 챗GPT와 죽음 같은 철학적 주제를 두고 대화하는 모습이 떠올랐다. 내겐 두 세계가 겹쳐 보였고 불쑥 또 하나의 기획이 탄생했다.

"70대 할머니가 AI와 죽음에 관해 대화하면 어떤 일이 벌어질까?"

이 콘텐츠는 아직 세상에 공개하지 않았지만, 내가 가장 기대하는 이야기 중 하나다.

〈밀라논나〉 채널이 진정성 있게 느껴지는 이유는 명확하다. **우리는 한 사람의 인생을 대충 소비하지 않는다.** 그 사람의 말투, 습관, 시선, 사고방식까지 오래 들여다본다. 그리고 지금 사람들이 듣고 싶어 하는 방식으로 그것을 다시 꺼낸다. 이건 한 편의 콘텐츠를 만드는 일인 동시에 한 사람을 '지금 이곳에' 존재하게 하는 일이기도 하다.

어쩌면 나는 매일 밀라논나 장명숙 선생님의 거대한 인생 서가 앞에 서는지도 모른다. 어떤 날엔 오래 묻힌 기억을 들추고, 어떤 날엔 갓 인쇄한 감정의 문장을 펼쳐 든다. 그걸 넘길 땐 늘 조심스럽다. 한 사람이 정성껏 써 내려온 세계를 다치지 않게 하려고 최선을 다한다.

나는 오늘도 한밤중 통화를 한다. 선생님의 말 한마디 그리고 그 안의 온도와 결을 다시 읽기 위해 통화를 한다. 진정성은 한 사람을 매일 새로 읽으려는 태도 하나하나가 모여 쌓인다. 그게 내가 만드는 이야기의 첫 문장이다.

#18

시니어 크리에이터와 왜 함께할까

요즘 유튜브 피디들의 파트너는 대부분 젊은 크리에이터다. 빠른 템포, 짧은 리액션, 바이럴을 노린 편집이 주요 특징이다. 나 역시 처음엔 속도와 자극, 유행을 따르는 콘텐츠 제작에 익숙했다. 그러던 어느 날 문득 이런 의문이 들었다.
"우리는 모두 나이 들어가고 있는데, 왜 콘텐츠 대부분은 젊음만 말할까?"

이 질문은 우리의 방향을 크게 바꿨다. 유행을 좇는 대신 시간을 담아보는 것. 흰 머리카락, 깊은 주름, 말을 고르기까지 머뭇거리는 침묵. 나는 오래전부터 '경험은 가장 강한 서사'라고 믿었다. 그 믿음을 따라간 길목에서 밀라논나를 만났다.

장명숙 선생님은 이탈리아 유학 1세대 패션 전문가로, 국내 업계에서 긴 시간 흔적을 남기신 분이다. 한창 현업에서 주목받던 시기에 돌연 은퇴했고, 이후엔 봉사활동으로 시간을 보내셨다. 그런 선생님과 함께 시작한 〈밀라논나〉는 단순한 패션 콘텐츠가 아니었다. 옷을 입는 법, 태도를 가다듬는 법 그리고 무엇보다 나이 듦을 존엄하게 받아들이는 삶의 방식. 그것이 이 채널의 진짜 주제였다.

"산뜻하게, 삶에 찌들지 않고 나답게 늙고 싶어요."
선생님의 말은 특히 젊은 여성들에게 깊이 꽂혔다. 누군가에겐 삶의 방향을 바꾸는 계기가 되었고, 누군가에겐 위로 그 자체였다.

"논나처럼 나이 들고 싶어요."
"논나의 말은 할머니가 옆에서 조근조근 들려주는 얘기 같아요."
세대가 다른 사람들이 같은 댓글창에서 서로의 삶을 떠올렸다. 할머니를 그리는 10대, 엄마를 이해하게 된 30대, 오랜만에 거울 앞에서 웃은 60대. 밀라논나의 말은 세대 간 경계를 지웠다.

물론 쉽지만은 않았다. 표현 하나를 정리하는 데 며칠이 걸리기도 했고, 내용을 단순하게 줄이기보다 정확히 다듬는 데 더 많은 시간이 들었다. 그 느림 속에서 우리는 '깊이'라는 감각을 다시 배웠다.

밀라논나는 말을 아꼈고 매번 책임을 담아 말씀하셨다. 카메라 앞에서 허투루 웃지 않았고 과거를 포장하지도 않으셨다. 그 진중함은 우리가 콘텐츠를 대하는 태도 자체를 바꿔놓았다. 우리는 점차 콘텐츠를 만든다기보다 사람을 이해한다는 마음으로 일하기 시작했다. 그것은 논나 한 분에게만 배운 감각이 아니었다.

우리는 여러 시니어 크리에이터와 일했다. 어떤 분은 젊은이보다 더 뜨거운 열정을, 어떤 분은 오랜 시간 회사에서 익힌 고요한 침묵을, 또 어떤 분은 조용히 견뎌온 세월 끝에 꺼낸 한 문장을 우리에게 건네셨다. 그분들 각자의 삶을 보며 우리는 인생을 다시 배웠다. 간혹 누군가가 내게 묻는다.
"시니어랑 일하는 거 어렵지 않아요?"
나는 대답한다.
"그분들과 일하면서 저도 조금 더 괜찮은 사람이 되어가고 있어요."

시니어 콘텐츠는 단순히 나이 든 사람들의 이야기가 아니다. 그건 내가 직업인으로서 **세상에 남기고 싶은 이야기를 유튜브라는 공간에 저장하는 행위**다. 또한 내가 '지나온 시간'을 '지금의 삶'으로 연결하는 방식이자, 한 세대가 다음 세대를 향해 다리를 놓는 일이다.

어느 날 촬영을 마친 뒤 밀라논나가 내게 물으셨다.
"오늘 영상, 잘 나올까요?"
나는 웃으며 말했다.
"선생님 덕분에 오늘도 누군가가 위로받을 거예요."
그 '누군가' 안에는 우리 팀 모두도 포함되어 있다. 지금도 그렇다.

#19

유튜브 채널을
시작할 때 하는 고민

유튜브 채널 〈펄이지엥〉을 시작하기 전, 우리는 낯선 미팅 테이블에 마주 앉았다. 한쪽엔 평생 디자인 한길을 걸어온 조현주 선생님, 다른 한쪽엔 이제 막 기획자로서 팀의 중간을 채워가고 있는 이향 기획자가 있었다.

그날 이향 기획자는 유독 조용했다. 미팅이 끝나고 나는 그에게 물었다.
"어땠어?"
"같은 여성으로서 커리어를 30년 넘게 쌓아온 분이잖아요. 듣기에 집중했어요."
"그럼 이향이가 〈펄이지엥〉 메인 기획자를 맡아보는 건 어때?"

"제가 팀장님과 장명숙 선생님처럼 조현주 선생님과 신뢰 관계를 형성할 수 있을까요?"
나는 이향 기획자와 대화하며 기획자로서의 진정성과 세대차에서 오는 정직한 거리감을 동시에 느꼈다. 그건 단순한 나이 차가 아니라 세대 간 커뮤니케이션에서 마주하는 실질적인 거리였다.

문득 장명숙 선생님을 처음 만난 날이 떠올랐다. 선생님은 첫인상부터 기품과 권위가 넘치셨다. 패션계에 한 획을 그은 대가에게 당신이 살아온 인생을 카메라 앞에서 말해달라 요청하는 건 쉬운 일이 아니었다. 그래도 확신이 있었다. 60대 후반의 기품 있는 할머니가 '멋지게 나이 든다는 건 무엇인가'라는 사회의 질문에 답을 줄 거라는 확신이었다.

유튜브 채널을 시작해보자는 내 제안을 거절하는 선생님을 설득하기 위해 수차례 대화했다. '이런 어른께는 유튜브로 얻는 이득을 설명하기보다 이 활동이 사회에 어떤 영향을 미칠 수 있는지 말씀드리는 게 좋겠구나.' 내 절실에서 온 본능적 깨달음이었다.
"선생님, 봉사활동에 관심 많으시잖아요. 유튜브로 선생님의 삶을 보여드리면 아마 수백만 명이 위로받을 거예요. 요즘 세대 청년들, 정말 힘들거든요. 선생님이 도와주시면 좋겠어요."

그날은 설득이 쉽지 않았다. 하지만 나중에 들은 바로는 '요즘 세대'라는 말이 선생님 마음을 움직였다고 한다. 선생님의 젊은 날은 노력하면 보상받던 시대였다. 지금은 그 공식이 온전히 통하지 않는 시대다. 선생님은 젊은 세대의 상대적 박탈감과 허탈감에 공감했고, 도와주고 싶은 마음이 생겼다고 했다. 이후 〈밀라논나〉는 한국의 대표 시니어 콘텐츠로 자리 잡았다. 그 시작점은 '시니어의 인생을 보여주는 콘텐츠'가 아니라, '서로 다른 세대가 공존할 수 있는 콘텐츠'에 있었다.

나는 이향 기획자에게 그 이야기를 건넸다.
"억지로 가까워지려고 하지 않아도 돼. 일단 기획자와 크리에이터의 거리를 인정하고 다가가봐. 처음부터 사적 감정으로 친해지려고 애쓸 필요 없어. 우리의 기획 의도가 확실하면 분명 콘텐츠로 연결할 수 있을 거야. 우리는 우리의 기획 방향을 등대 삼아 걸으면 돼."
이향 기획자는 고개를 끄덕였다. 그 후 그는 〈펄이지엥〉 기획안을 다시 정리했다. 30년 넘게 커리어를 지켜온 한 여성의 끈기 있고 성실한 삶과 그 속에서 버릴 수 없던 디자이너로서의 열정과 감각, 그리고 세계에 다양한 호기심을 보이는 60대 시니어의 열정을 보여줄 채널이었다.

몇 주간 이어진 기획 회의에서 우리는 출연자의 배경, 커리어, 패션 철학, 브랜딩 요소를 고려해 시즌별 방향성을 잡고 크리에이터의 어휘와 감정선에 맞는 연출 언어를 하나하나 고민했다. 한창 채널을 준비하던 이향 기획자가 어느 날 내게 말했다.
"이제 팀장님이 하신 말이 무슨 뜻인지 알겠어요. 선생님과 대화하다 알게 되었는데, '옷을 입는다는 건 무언가를 결심하는 일'이라는 말을 자주 하시더라고요. 그 감정을 중심에 두고 기획을 다시 해보고 싶어요."
이 말을 들은 나는 마음속으로 중얼거렸다.
'이향 기획자는 사람의 진심을 들을 줄 아는 사람이구나.'

〈펄이지엥〉 첫 영상이 올라가고 1년이 흘렀다. 이향 기획자는 선생님의 삶을 존중했고, 선생님은 그의 전문성을 신뢰했다. 그 관계 안에서 콘텐츠는 꽃을 피웠다. 이향 기획자와 선생님 사이 역시 자연스럽게 좁혀졌다. 회식 자리에서 선생님은 내게 말했다.
"우리 이향 씨, 참 진정성 있어요. 그리고 정서가 잘 맞아서 좋아요."

그 말에 이향 기획자는 선생님과 눈을 마주 보며 웃었다. 그 모습을 보고 나는 생각했다.

'이게 우리가 만들어낸 새로운 관계의 방식이구나.'

시니어 콘텐츠는 '나이 듦'을 다루는 것을 넘어 삶의 증거를 다루는 일이다. 우리 영상에서는 각기 다른 시대를 살아온 사람들이 만나 함께 삶을 써 내려간다. **나이 든다는 건 시간의 흐름이지만, 멋지게 나이 든다는 건 철학의 영역이다.** 그 철학을 함께 구성해가는 사람들이 바로 우리 팀이다. 비록 출발점은 달라도 우린 지금 서로의 장면을 함께 완성해가고 있다. 그게 우리가 만든 시니어 콘텐츠의 방식이고, 서로 다른 세대가 공존하는 새로운 방식이다.

#20

팬덤을 부르는 비밀

〈밀라논나〉 채널의 팬덤을 실체로 처음 느낀 건, 《오롯이 내 인생이잖아요》 북토크 때였다. 장명숙 선생님과 내가 무대에 올라 조명 너머로 빼곡히 들어찬 객석을 바라보는데 탄성이 터져 나왔다.
"여러분, 정말 계셨군요."
무심코 한 말이었지만 그 말에 담긴 마음은 분명했다. 숫자로만 보던 구독자가 실존하는 사람이라는 걸 처음 실감한 순간이었다. 늘 댓글로 응원을 보내던 아미치가 나와 눈을 마주치며 웃고 있었.

그날 이후, 한동안 그 경험이 머릿속에서 떠나지 않았다. 언제부터 팬덤이 생겼지? 어떻게 구독자에서 팬으로, 팬에서 아미치라는 팬덤으로 이어지는 흐름을 만들 수 있었을까? 생각이 꼬리를 물었다.

〈밀라논나〉 채널의 초반 반응은 일종의 '비주얼 쇼크'에 가까웠다. 영상을 공개하자마자 댓글이 쏟아졌고, 커뮤니티에 "이런 시니어는 처음 본다"라는 말이 이어졌다. 하지만 우리는 알았다. 대중의 호기심은 계속되지 않는다는 걸 말이다. 흥미로운 기획과 파격적인 모습으로 한 번의 클릭을 이끌어낼 수 있어도 두 번째, 세 번째를 부르는 끌림은 차원이 다른 문제였다.

그 시점부터는 다른 종류의 전략이 필요했다. 단순히 '멋진 시니어'가 아니라 '계속 함께하고 싶은 사람'으로 남으려면, 콘텐츠 방향이 달라져야 했다. 우리는 댓글과 커뮤니티 반응을 집중 분석했다. '좋아요' 수나 조회수 같은 1차 지표보다 사람들의 감정이 어디에서 멈추는지, 어떤 문장에 반응하는지 추적했다.

〈밀라논나〉 콘텐츠가 건드린 핵심은 '결핍'이었다. 주변에서 좀처럼 보기 힘든 존재, 나이 들어서도 멋있고 삶의 철학이 단단한 어른을 그리워하는 결핍 말이다. '나도 저렇게 살고 싶다'라는 동경과 '내 주변엔 왜 이런 어른이 없을까'라는 결핍을 정확히 건드린 것이다.

그 결핍을 콘텐츠 설계의 중심에 두기로 했다. 정보보다 해석, 사건보다 태도를 드러내는 데 집중했다. 밀라논나가 어떤 삶을 살아왔고, 지금 어떤 생각으로 세상을 바라보는지 보여주는 콘텐츠로 제작 방향의 큰 얼개를 잡았다. 그 무렵부터 댓글이 바뀌기 시작했다.
"논나처럼 나이 들고 싶어요."
"논나 덕분에 저도 기부를 시작했어요."
"논나를 따라 물건을 오래 쓰고 아끼는 습관을 들이기로 했어요."

이건 단순한 호감의 언어가 아니다. 동경이 실천으로 이어지는 흐름이다. **팬덤의 본질은 결국 '좋아하는 마음이 내 삶의 일부가 되는 일'이니까.** 특히 주목한 건 댓글 간의 상호작용이었다. 독자의 댓글에 "같이 해봐요"나 "댓글 쓴 분처럼 저도 그런 경험 있어요. 힘내세요" 같은 대댓글이 달리기 시작했다. 서로 용기를 끌어올리는 댓글이 줄을 이었다. 그 순간, 댓글창은 커뮤니티로 바뀌기 시작했다.

내가 좋아하는 사람을 좋아한다고 말하는 게 멋있는 일이 될 때 팬덤은 지속된다. 우리는 이 흐름을 억지로 만들 수는 없다고 생각했다. 그래도 그 흐름이 생겨날 토대는 설계할 수 있다고 믿었다. 이를 기반으로 한 우리의 전략은 늘 같았다. 콘텐츠의 중심에 사람을 두고, 그 사람이 시청자의 감정을 조금씩 움직이게 설계하는 것. 그 시간이 누적되면 팬들은 말하기 시작한다.
"이 채널을 좋아하길 잘했다."
팬덤이 만들어지는 순간이다. 이후로는 팬들이 서로를 북돋는 순환이 일어난다. 그리고 거기에는 '선한 영향력'이라는 힘이 붙는다.

우리가 만든 건 콘텐츠지만 사람들이 선택한 건 관계였고, 그 관계의 축적이 팬덤이 되었다. 북토크에서 느낀 그 기류는 단지 응원이 아니었다. 닮고 싶고, 함께 있고 싶은 마음이 모인 공기의 밀도는 따뜻했다. 팬이 콘텐츠를 따라오는 게 아니라, 사람을 따라 팬이 움직이는 구조. 〈밀라논나〉는 그 구조를 만들어낸 첫 경험이었다.

#21

다 같은 시니어가 아니라고요

새 채널을 기획할 때, 우리는 제일 먼저 이 질문을 한다.
"이번엔 누구와 함께할까?"
2024년 여름, 우리 팀은 〈밀라논나〉와 〈펄이지엥〉을 잇는 세 번째 시니어 채널을 준비하고 있었다. 크리에이터 발굴은 단순한 캐스팅이 아니다. 누구와 함께하느냐에 따라 채널 정체성과 메시지가 달라진다. 그 사람을 얼마나 오래 볼 수 있는가가 프로젝트의 수명을 결정한다. 오래 볼 크리에이터 후보군을 찾는 일이 어찌 쉬울까.

나는 이향 기획자와 소현 피디에게 조심스럽게 말했다.
"힘들겠지만 최대한 데이터를 많이 모아줘."
일주일 후, 내 책상 위에 도착한 크리에이터 후보 리스트는 예상보다 훨씬 정밀했다. 이름과 이력을 나열한 간단한 자료가 아니었다. 후보들이 만든 콘텐츠 분석 데이터, 팔로워 수, 댓글의 농도와 밀도, 심지어 업계 네트워크까지. 각 인물의 삶이 어디로 흐르고 있는지 감지한 기록이었다.

곧바로 릴레이 미팅을 시작했다. 하루에 몇 명씩 만나고 다시 돌아와 회의하고, 그날 느낀 인상과 가능성을 신중하게 주고받았다. 그러던 어느 날 소현 피디가 말했다.
"팀장님, 저는 김정희 선생님이 좋았어요. 오래 같이 있었던 것도 아니었는데 자꾸 뭐라도 챙겨주려 하시고, '밥은 먹었어요?'라고 물으시는데 콘텐츠를 만든다는 느낌보다 같이 있어주고 싶은 마음이 들었어요. 그냥 엄마 같았어요."
이 말을 듣고 내 결심은 굳어졌다.

밀라논나는 멘토, 펄이지엥은 동료에 가까웠고 그다음 크리에이터는 또 다른 캐릭터의 시니어이길 바랐다. **나이 드는 여성이 모두 같은 역할은 아니잖은가**. 김정희 선생님은 '엄마'라는 감정 궤도를 지닌 분이었다. 내가 원한 건 단일한 포지셔닝이 아니었다. 김정희 선생님 이야기를 더하면서 우리 팀의 시니어 세계관은 더욱 넓어졌다.

"채널명은 〈정희하다〉로 가자."
채널명이 성패를 좌우하진 않지만 우리는 그 안에 시선을 담고자 했다. 단어 하나에 사람의 결이, 그 사람을 바라보는 시선이 담긴다고 믿기 때문이다. 〈밀라논나〉 〈펠이지엠〉에 이어 〈정희하다〉라는 이름도, 평생 전업주부에서 시니어 모델이 되어 암을 극복해낸 그의 삶 2막이 멋지게 펼쳐지길 바라는 마음으로 정성껏 지었다.

이후 소현 피디는 경쟁 채널을 분석하고, 유사 타깃 시청자 반응을 정리했다. 나아가 콘텐츠 아이디어 여덟 편을 사전 기획해 제목과 톤, 배치 순서까지 설계했다. 소현 피디의 기획안을 보면서 나는 〈정희하다〉 채널이 생긴 게 아니라, '정희를 지켜보고 싶은 마음'이 생긴 거라는 생각을 했다.

공개한 첫 영상은 예상보다 빠르게 반응을 얻었다. "우리 엄마 같아요" "이 연세에 도전하는 모습이 멋져요" 같은 댓글이 이어졌다.

이제 시니어 콘텐츠는 트렌드가 아니다. 하여 누군가의 일상을 오래 바라보려는 진심이 담긴 포맷만 계속 살아남을 수 있다. 소현 피디는 그 진심을 〈정희하다〉라는 이름으로 살려냈다. 그날 이후, 나는 수많은 미팅보다 그의 한마디를 먼저 떠올린다.
"같이 있어주고 싶은 마음이 들었어요."

그건 분석과 전략으로는 설명할 수 없는 감정이었다. 지금 돌아보면 그 한마디가 새 기획을 시작하는 단초였다. 우리는 사람을 고른 게 아니라 마음을 택한 거였다.

#22

모두가
소름 돋는 순간

우리 팀은 회의를 자주 한다. 콘텐츠 기획 회의는 물론 팀의 사소한 문제도 함께 회의를 하며 해결책을 찾는다. 회의 형식은 매번 달라지지만 그 안에 흐르는 중심은 같다. 함께 무언가를 만들고 해결한다는 것.

막내인 소현 피디가 빠른 감각을 살린 아이디어로 포문을 연다. 그러면 팀의 최고참 재순 피디가 구조나 리스크를 따져본다. 이걸 받아 숙연 피디는 직관적으로 새로운 관점을 던진다. 이향 기획자는 데이터로 검증 가능한지 확인한다. 주연 피디는 스케줄이나 실행 디테일을 챙긴다. 그렇게 굴러가고 있으면 신태 피디가 판을 뒤집는 질문을 한다. 이야기가 몇 바퀴 돌면서 충돌하고 겹치며, 모두 같은 그림을 떠올리는 찰나가 찾아온다. 그때 공기가 달라진다. 모두 조용히 눈빛만 주고받는 게 보이면 내가 말한다.
"이거다!"
그 말이 신호다.

한 사람의 말이 다른 사람의 생각과 연결되고, 다시 누군가가 그걸 정리해 감각화한다. 이건 논리적 설득의 결과가 아니라, 팀 전체가 동시에 납득한 공감의 결과다. 우리는 그 감각이 올 때까지 결정을 미룬다. 팀장이 말했으니까, 다수가 동의했으니까, 익숙하니까 선택하는 방식은 우리 팀에선 통하지 않는다. 그런 결정은 자연스럽게 팀 내부에서 걸러진다.

비효율적으로 보일 수 있다. 당연히 모든 일을 팀과 논의해 처리하는 건 아니다. 시간 효율이 필요한 문제는 팀장 재량으로 빠르게 처리한다. 다만 창의성 관련 문제는 시간에 양보하지 않는다는 원칙을 지키려고 한다.

창의적인 일을 하려면 늘 불확실함과 함께해야 한다. 정답도, 기준도, 무엇이 좋은 결과인지도 쉽게 알 수 없다. 그래서 우리는 감각을 따라 움직인다. 다소 더뎌도 어느 순간 동시에 느끼는 감각이 있다. 나는 그걸 '소름 돋는 순간'이라 부른다. 이건 단순한 감정이 아니다. 우리가 쌓아온 경험, 감각, 논리, 감정이 한데 모여 만들어낸 결정이다. "이거다!"는 그 무언의 합의가 팀 전체에서 흘러나오는 순간이다.

그 감각을 실제로 구현한 대표적 사례가 있다. 바로 '이탈리아 대사관 방문 편'이다. 우리는 밀라논나의 인테리어 감각을 담은 콘텐츠를 새로 제작하려 했다. 밀라논나의 집은 이미 여러 차례 공개한 상태라 더 이상 새로운 그림이 나오지 않을 것 같았다. 구독자 집을 방문하자는 의견, 연예인이나 셀럽의 집을 소개하자는 아이디어, 인테리어 소품 숍을 가보자는 제안까지 수많은 이야기가 오갔다. 하나같이 나쁘지는 않았지만 무언가 결정적인 감각이 오지 않았다. 그러다 이런 말이 하나씩 모였다.

"오직 선생님만 보여줄 수 있는 세계여야 한다."
"유행을 좇는 느낌이어서는 안 된다."
"논나다운 품위가 있어야 한다."
말로 다듬어지진 않았으나 전원이 동시에 고개를 끄덕인 순간이 있었다. 그와 자연스럽게 이어진 아이디어가 바로 이탈리아 대사관을 배경으로 한 콘텐츠였다.

예상보다 훨씬 더 큰 반응이 결과로 돌아왔다. 시청자들은 "이건 밀라논나라서 가능한 콘텐츠다"라며 반응했고, 이탈리아 대사관에서도 공식적으로 감사 인사를 전해 왔다. 아이디어 회의부터 촬영까지 긴 시간이 걸렸지만, 우리는 그 과정에서 또 배웠다.

우리가 만드는 콘텐츠는 우리 먼저 납득이 가야 한다. 고작 일곱 명도 납득할 수 없는 이야기가 시장의 호응을 끌어낼 확률은 낮다. 어쩌면 이건 확률 이야기인지도 모른다. 그래서 나는 팀장으로서 모두가 고개를 끄덕이고 소름이 돋는 순간을 기다린다. 내가 혼자 결정하면 더 빠를 수도 있다. 그러나 그보다 중요한 건 결과다.

더 좋은 결과를 만들기 위해 우리는 쉽게 소비하고 버려지는 콘텐츠를 만들지 않겠다는 고집스러운 과정을 거친다. 그것이 우리 팀의 방식이자 창의력의 원천이다.

#23

실패를 감지하고
설계한다

"〈펄이지엥〉은 구독자 수 대비 코어 팬덤이 작아요."
이향 기획자가 조용히 입을 열었다. 한순간 회의실에 불편한 정적이 감돌았다. 이것은 팀 모두가 어렴풋이 느끼면서도 선뜻 꺼내지 못한 말이었다. 〈펄이지엥〉 채널을 운영한 지 막 1년이 지난 시점이었다. 채널 구독자는 10만 명이 넘었지만 그즈음부터 성장이 멈춘 듯한 느낌이 들었다. 〈밀라논나〉부터 〈펄이지엥〉까지 달려온 우리는 이 정체를 문제로 인정하고 싶지 않았다. 그래서 '이 정도면 선방했지' '시간이 해결해주겠지'라며 외면하던 차에 이향 기획자가 이를 처음 '문제'로 규정한 것이었다.

이향 기획자는 회의실 화면에 A4 다섯 장 분량의 리포트를 띄웠다. 제목은 이러했다.
'⟨펄이지엥⟩ 유튜브 채널 진단: 팬덤 부족의 징후와 대안.'
그는 잠시 숨을 고른 뒤 입을 열었다. 보고를 들은 나는 그가 예상보다 더 깊이 고민해온 흔적에 놀랐다. 특히 인상 깊었던 건 유튜브 내부 데이터를 단순 수치로 보여주지 않고, '우리 채널이 지금 생태계 안에서 어디쯤 위치해 있는가'를 시각적으로 도식화한 부분이었다.

x축은 '채널 운영 기간', y축은 '구독자당 평균 댓글 수'. 이향 기획자는 좌표 위에 ⟨펄이지엥⟩의 위치를 찍고, 비슷한 조건의 다른 채널들과 비교했다. 결과는 명확했다. '채널을 만든 지 얼마 되지 않아 팬덤이 약하다'라는 말은 평계에 불과했다. 같은 기간, 같은 규모 채널 중에 팬덤을 단단히 형성한 곳들이 분명 존재했다. 이향 기획자는 분석 끝에 세 가지 전략을 제안했다.

첫째, 주기적인 구독자 참여형 이벤트 도입.
둘째, 채널 브랜딩을 위한 쇼츠 제작.
셋째, 조회수가 높은 주제를 중심으로 한 시리즈물 기획.

문제의 본질은 구독자 수가 아니라 관계의 농도에 있었다. 숫자에 안도하고 있던 우리는 시청자와 콘텐츠 사이의 감정 연결선이 느슨했다는 점을 인정해야 했다. 나는 팀원들에게 이야기했다.

"우리의 최종 목표는 크리에이터를 키우는 게 아니고 팬덤을 키우는 거네. 방향을 다시 잡자."

이 말은 단지 전략 전환이 아니라 태도를 바꾸는 것이었다.

그날 이후, 〈펄이지엥〉은 조금씩 바뀌기 시작했다. 팀원들도 각자의 자리에서 '팬덤'이라는 키워드를 다시 정의했다. 누군가에게 감동을 주고, 그들을 웃게 하고, 그들이 기다리게 만드는 힘. 그게 우리가 만들고 싶은 콘텐츠라면, 시청자와의 관계를 더 능동적으로 설계해야 했다.

첫 번째 변화는 커뮤니티 탭의 활용이었다. 먼저 구독자와 소통하는 이벤트를 기획했다. 패션 관련 질문을 받고, 애장 아이템을 선물하기도 했다. 처음엔 반응이 시원찮았으나 두 달쯤 지나자 댓글이 점점 쌓이기 시작했다. 두 번째 변화는 채널을 브랜딩하는 것이었다. 우리는 선생님의 특징을 살린 짧은 동영상을 만들어 〈펄이지엥〉을 시청자들에게 각인시켰다.

그 결과 중 하나가 지금도 회자되는 룩북 시리즈다.

"오늘도 셔츠에 진, 어제랑 똑같은데 왜 또 멋지지?"

우리만의 리듬으로 움직이는 법

이러한 댓글이 달리기 시작한 순간 우리는 느꼈다. 팬덤이란 콘텐츠를 소비하는 사람이 아니라 '기억해주는 사람'이라는 걸. 우리는 이 변화 속에서 실패를 실패로만 바라보지 않는 태도를 배웠다.

어느 날 갑자기 성과가 뚝 떨어졌다고 해서 그 자체가 잘못은 아니다. 그렇지만 그 현상을 직면하고, 언어화하고, 구체적 실행안을 내놓는 사람은 많지 않다. 이향 기획자의 보고서는 그래서 특별했다. 그는 현상의 원인을 특정하고, 감정이 아닌 데이터로 설명했으며, 해결안을 실행 가능한 단위로 설계했다.

좋은 팀은 실패하지 않는 팀이 아니라 실패를 감지하고 설계하는 팀이다. 실패 조각을 다시 맞춰보는 용기만 있다면 그 자리는 다음 성공의 시작점이 된다. 우리는 그 연습을 매번 조금씩 해내고 있었다.

#24

"해봤어?"

"해봤어?"
내가 자주 던지는 질문이다. 해보지 않았으면 잔말 말고 따라오라는 뜻이 아니다. 여기에는 두 가지 의미가 숨어 있다.
하나, 이 일을 진짜로 경험해본 적 있는가?
둘, 만약 경험해보지 않았다면 해볼 마음이 있는가?
이 질문은 특히 재순 피디와 신태 피디 두 사람에게 자주 한다. 프로젝트의 무게를 가늠할 때나 방향성을 정해야 하는 초반에 이 질문은 아주 유효하다.

어느 날, 정부 기관에서 장기 프로젝트를 제안했다. 짧게 끝나는 캠페인이 아닌, 반년에서 길게는 1년 이상 이어질 수 있는 대형 콘텐츠 작업이었다. 예산도 충분했고 정부 프로젝트를 맡아 우리 포트폴리오도 확장할 수 있는 기회였다. 단, 한 가지 조건이 있었다. 빈번한 수정과 밀착 커뮤니케이션을 전제로 한다는 것. 즉 시간과 체력, 감정 에너지까지 고스란히 소모할 가능성이 높은 일이었다.

나는 곧바로 두 사람에게 회의를 하자고 말했다. 현실을 지키는 브레이크 재순 피디, 일에 추진력을 가하는 액셀러레이터 신태 피디. 두 사람은 내가 팀장으로서 신뢰하는 균형 축이다.
재순 피디는 제안서를 읽는 내내 표정이 심각하더니 고개를 저으며 말했다.
"장기 프로젝트 자체는 좋아요. 그런데 이 요청대로라면 팀이 갈려나갈 수도 있어요. 명시한 수정 요청이 이 정도면 밤낮이 없고, 일정보다 감정 소모가 더 클 겁니다."
현실적인 조언이었다. 예상 가능한 반응이기도 했다.

나는 고개를 끄덕이고 신태 피디 쪽으로 시선을 돌렸다. 그는 자료를 다 읽고 고개를 끄덕이며 말했다.
"그런데요, 팀장님. 정부 프로젝트는 우리가 만들고 싶어 한 그림이잖아요. 초반엔 힘들겠지만 중반 넘어가면 우리가 주도권을 쥘 수 있어요. 예산도 있고요."

두 사람의 말은 정반대였으나 둘 다 틀린 말이 아니었다. 오히려 둘 다 옳았다. 내가 질문을 던졌다.
"해봤어?"
그 순간 둘의 표정이 미묘하게 변했다. 재순 피디는 과거를 떠올리는 듯 입술을 깨물었다. 밤샘 작업, 클라이언트와의 끝없는 수정 전쟁, 지쳐가던 팀원들의 얼굴. 그가 본 건 리스크의 기억이었다. 신태 피디는 눈을 반짝였다. 힘들어도 도전하고 싶은 욕망. 그가 본 건 기회의 불씨였다.

이 둘이 각자의 경험을 바탕으로 충돌할 때는 더 이상 회의를 지속하지 않는다. 거기서부터는 내 몫이다. 팀장은 팀원의 모든 경험을 전략적으로 활용할 수 있어야 한다. 결정은 둘의 의견을 종합해서 내렸다. 나는 클라이언트 측에 제안했다.
"우선 시범 콘텐츠를 세 편만 제작해볼까요? 그 후 장기 협업 여부를 결정하죠."

이는 우리 리소스를 장기적으로 소모하지 않으면서도 주도권을 확보할 수 있는 구조였다. 끌려가지 않고 밀어붙이지 않는 절충점. 그 결과는? 시범 콘텐츠는 좋은 반응을 얻었다. 효율과 완성도를 모두 잡아냈고, 이후 장기 프로젝트는 우리가 주도하는 방식으로 안정감 있게 이어졌다.

가끔 생각한다. 만약 그때 재순 피디의 경고를 무시했다면? 신태 피디의 낙관만 믿고 무작정 뛰어들었다면? "해봤어?"라는 질문은 단순한 확인이 아니다. 많은 경우 우리 경험은 판단의 중요한 근거가 된다. **경험은 사람을 겸손하게 만들고, 상상은 사람을 용감하게 만든다.** 경험과 상상 사이, 우리가 서 있어야 할 자리는 언제나 그 사이 어딘가다.

#25

0에서 시작하는 일

"저는 이번에 50만이요."
"전 70만 예상합니다."
"팀장님은 몇으로 하실 거예요?"

영상을 업로드하는 날, 회의실은 잠시 게임장으로 변한다. 조회수를 예측해 가장 빗나간 사람이 다음 날 아침 커피를 사는 내기. 이건 '조회수 대박 나게 해주세요'라는 염원이자 '망하면 커피 한잔으로 위로받자'라는 우리만의 손익분기점 낮은 내기다.

콘텐츠 제작자는 즉각 성적표를 받는다. 이 일은 결과로 평가받는 게 숙명이다. 우리는 그 숙명을 조금이나마 가볍게 받아들이고자 매번 유희를 섞는다. 실은 조회수라는 수치보다 '이번에도 버텨낼 수 있을까' 하는 감정과 싸우는 시간이다.

영상을 하나 만든다는 건 관문을 세 번 통과하는 일이다. 첫 번째 관문은 아이디어 회의다. 회의 시간에 아이디어를 꺼내면 팀원들은 표정으로 바로 반응한다. 누군가는 "좋은데요?"라며 맞장구치고, 누군가는 고개를 갸웃하거나 "그거 비슷한 영상이 이미 있지 않아요?" 하고 되묻는다. 이럴 땐 포기하거나 설득하거나 둘 중 하나를 선택해야 한다.

설득을 선택하면 그다음은 거의 조별 과제 발표 수준이다. 트렌드 분석 데이터와 자료를 들이밀고, 가끔은 감을 호소하고, 심지어 떼를 쓰기도 하며 동료들을 설득한다. 사실 우리는 다 안다. 조회수에 정답이 없다는 것을. 팀장의 말도 정답이 아니고 팀원의 다수결도 답이 아니다. 그래서 반드시 다수결로 정하지는 않는다. 한 사람의 강한 직감이 예상보다 더 큰 반응을 일으키는 경우도 적지 않다. 이런 과정은 콘텐츠가 시청자를 설득할 때에도 유효하다.

두 번째 관문은 편집이다. 담당 피디가 내게 "이거 어떠세요?"라고 물을 때, 그 말은 수십 가지 고민을 한꺼번에 던지는 셈이다. 컷이 적절했는지, 자막이 과하지 않았는지, 음악이 흐름을 끊진 않았는지 등 나는 그 안에 담긴 고민을 먼저 읽어보려 한다. 의견을 주는 일은 늘 조심스럽다. 한 영상을 수십 번 보며 편집하는 이의 고민을 알기 때문이다. 그래서 피디의 고민을 거스르지 않으면서도 더 좋은 결과를 얻기 위해 같이 붙잡고 고민한다.

세 번째 관문은 업로드다. 영상을 공개한 후 한 시간 동안 제작자는 예민하게 긴장을 유지한다. 알고리즘의 흐름을 탈 수 있을지, 댓글 반응은 어떨지, 조회수 상승 곡선이 얼마나 가파를지 기다린다.

영상이 뜨는 순간, 우리가 공들인 시간은 '0'부터 숫자로 환산된다. 시청자의 판단은 몇 초 안에 이루어지고, 알고리즘은 그 반응을 수치로 기록한다. 우리는 그 몇 초를 붙잡기 위해 열 번도 넘게 제목을 고치며 '이걸 보면 클릭하고 싶을까?'를 묻고 또 묻는다.

그렇게 영상을 하나 내보내면 다음 날 아침 조회수로 답을 받는다. 수치가 예상보다 낮으면 침묵이 흐르고, 예상을 넘기면 안도감이 퍼진다. 물론 대개는 그 중간 어딘가다. 나는 지금도 이 일의 정답지를 찾아 헤맨다. 데이터는 맞을 때도 있고 틀릴 때도 있다. 사람의 감도 좋을 때가 있고 그렇지 않을 때가 있다. 아무리 분석해도 어떤 건 통하고 어떤 건 통하지 않는다. 그런 까닭에 이 일은 여전히 재미있고 또 여전히 어렵다.

사실 커피 내기의 핵심은 커피도, 조회수도 아니다. **누가 잘 맞히느냐가 아니라 우리가 그 긴장을 함께 웃으며 나눈다는 것이 핵심이다.** 나는 늘 커피 내기에서 가장 낮은 숫자에 베팅한다. 팀원들은 내가 조심스럽고 분석적 성향이라 그렇다 여기지만 사실 나는 그들보다 더 간절하다.

"이번에 잘 나왔으면 좋겠다"라고 말하는 그 진심이 현실로 나타났을 때, 그들이 더 크게 기뻐하길 바라는 마음이다. 결국 그 커피 한 잔은 정답 없는 싸움을 하는 우리가 버텨낸 시간을 위한 작고 따뜻한 위로이자 보상이다. 지난 내기는 숫자보다 함께 웃은 시간으로 더 오래 기억된다.

#26

해본 적 없지만,
해내는 중

연차가 쌓일수록 스스로에게 다짐하는 말이 있다. 고인 물이 되지 말자! 나는 본래 안정적 구조를 선호하는 사람이지만, 콘텐츠 작업에서 안정감은 곧 정체다. 우리는 매일 바뀌는 알고리즘, 변화하는 시청자, 새롭게 등장하는 플랫폼 환경 속에 있다. 유튜브의 대세는 순식간에 바뀌고, 사용자 반응은 예측보다 더 빠르게 식는다. 그런 현실 속에서 '그냥 지금처럼만 유지하자'라는 마음은 그 자체로 가장 위험한 선택일 수 있다.

〈밀라논나〉 100만 구독자 달성을 눈앞에 두고 있을 때 우리 팀은 그런 시기를 맞았다. 〈정희하다〉도 자리를 잡아 갔고 다른 외부 프로젝트도 성과를 내고 있었다. 팀원 각자의 역할은 명확했으며 팀은 단단했다. 좋게 말하면 평탄, 다르게 말하면 정체였다. 나는 스스로에게 물었다.
"이게 끝은 아니지?"

그 무렵, 회의 테이블 위에 조금씩 다른 이야기가 올라오기 시작했다.
"팬과 논나가 만나는 오프라인 이벤트 해보면 어때요?"
"굿즈는 정말 안 만들 건가요?"
"요즘 유튜브 소비 방식이 많이 바뀌었어요. 포맷을 전면 개편할까요?"
이건 팀이 변곡점에 다다랐다는 명백한 신호였다. 콘텐츠에서 상품으로, 디지털에서 오프라인으로, 이제 우리 팀도 새로운 결을 그려야 할 시점이었다.

그중에서도 굿즈 제작은 특히 오래된 이슈였다. 문제는 명확했다. 우리는 콘텐츠에 특화한 팀이었고 상품 제작은 완전히 낯선 분야였다. 그것은 디자인, 생산, 유통, 재고관리까지 전혀 다른 법칙의 세계였다. 무작정 시작하자니 예산도, 팀 리소스도 부족했다.

그때 한국콘텐츠진흥원의 '한류 IP 활용 상품 기획개발 지원사업' 공고를 발견했다. 정부에서 일부 자금을 지원

받아 우리의 IP로 상품을 만들어 해외에 유통하는 실험이었다. 마침 〈밀라논나〉 IP를 일정 수준 브랜드화한 상태였고, 5년간 축적한 팬덤도 있었다. 나는 판단했다.
"지금이 도전할 타이밍이다."

이향 기획자는 챗GPT와 퍼플렉시티를 활용해 해외 사례와 선행 브랜드, 유통 채널, 소비자 반응을 조사하기 시작했다. 우리는 패브릭, 식기, 문구, 생활 소품 중 어떤 카테고리가 경쟁력이 있을지 고려하며 범위를 좁혀갔다. 그리고 실제 시제품 단가, 공정 설계, 디자인 시안까지 시뮬레이션했다.

어느 순간, 우리가 예측 가능한 범위를 훌쩍 넘어서는 복잡한 상황이 눈앞에 펼쳐졌다. 그때 나는 결단했다.
"이건 전문가의 영역이야. 도움을 요청하자."
마침 떠오르는 사람이 있었다. 시니어에 특화한 식기 제조사 대표님. 벚꽃이 피어오르는 3월의 어느 토요일, 나는 이향 기획자와 함께 대표님을 찾아갔다.

그날 우리가 받은 조언은 구체적이고 날카로웠다. 패브릭 시제품은 디자인 시안이 있으면 하루 만에도 제작이 가능하지만, 원단 선택이 까다로워 전문가 도움이 필수다.

"식음료는 식약처 규제로 리스크가 크다."
"금형류는 수량이 많아야 단가가 낮아진다."
"창고, 물류, 유통 시뮬레이션 없이는 절대 예산을 짤 수 없다."

우리는 천신만고 끝에 배운 것을 바탕으로 사업비 산출서를 만들었다. 이어 지원서 초안을 작성하고 검토하는 과정에서 상품 세계의 낯선 언어에 점차 익숙해졌다. 대표님을 만나고 돌아오는 길, 이향 기획자가 조용히 말했다.
"팀장님, 우리가 모르는 세상이 진짜 많네요. 일이 어디까지 늘어날지 무섭기도 한데, 정말 재미있어요. 지원사업에 떨어져도 굿즈는 꼭 만들어보고 싶어요."
나는 고개를 끄덕였다.

우리 팀은 늘 이런 태도를 보이는 사람으로 구성되어 있다. 콘텐츠로 시작한 우리는 상품으로 뻗어가는 중이고, 그와 함께 팀원 개개인의 관점이 바뀌고 있다. '형태 확장'이 아니라 우리 팀이 자산을 만들어내는 방식 자체가 달라지고 있다는 방증이었다.

물론 일이 매번 우리 의욕대로 흘러가지는 않았다. 우리는 준비하던 지원사업에서 탈락했다. 그래도 우리는 여전히 굿즈 제작을 준비 중이다. 우리 템포에 맞춰 제작 공장을 알아보고, 샘플 원단을 고르고, 시안을 조율하고 있다. 완성까지 시간이 오래 걸릴 수도 있지만 그 과정이 정말 즐겁다.

비록 지원금은 받지 못했어도 이 여정에서 우리는 훨씬 큰 것을 얻었다. 두려워도 손을 대보는 용기, 새로운 영역을 언어로 익히는 감각 그리고 서로를 더 신뢰하게 된 경험. 우리는 실패하지 않았다. 오히려 우리는 '다르게 나아가는 법'을 배웠다. 지금 우리는 처음 해보는 일을 '진짜 우리 손으로' 해내는 중이다.

4

(스킬)

일을
잘 굴러가게
하는 법

#27

조회수의 비밀, 시행 횟수

유튜브 시대에 콘텐츠 제작자는 종종 자신이 만든 영상보다 숫자에 더 큰 자극을 받는다. 조회수, 시청 지속시간, 노출 클릭률…. 결국은 알고리즘이다.

"섬네일을 자주 바꾸면 노출률이 떨어진다면서요?"
"업로드 이후 제목을 바꾸면 알고리즘에 좋지 않다고 들었는데요."
"악성 댓글이 달리는 것도 관심으로 측정하나요?"
유튜브에서 주최하는 크리에이터 행사에만 가도 알고리즘의 비밀을 파헤치려는 제작자들의 질문이 쏟아진다. 그때마다 유튜브 측의 대답은 한결같다.
"끝까지 보고 싶은 영상을 만들면 됩니다."

정답이지만 실전에서는 가장 어려운 말이다. 공들여 만든 영상이 조회수 1만 회에서 멈추는가 하면, 쉽게 찍어 올린 영상이 100만 회를 넘기는 경우도 있다. 이 직업에 종사하는 사람이면 누구나 한번쯤 이런 말을 해봤을 것이다.
"정말 모르겠다."

우리 팀은 매주 월요일, 지난주에 올린 콘텐츠의 성과를 리뷰한다. 회의 전 데이터를 분석해 함께 토론할 주제를 준비하고, 지금 이 방향이 맞는지 되묻는다. 과정은 이러하다.

첫 번째, 유튜브 시청 데이터를 분석한다.
"이건 초반 이탈률이 높네. 제목 보고 눌렀지만 생각한 것과 다른 영상이었다는 말인데?"
"그러게요. 조회수는 괜찮은데 시청 지속시간이 낮네요."
"한데 쇼츠는 다르게 봐야 해요. 전환율을 고려하면 나쁜 수치가 아닙니다"
신태 피디는 특히 수치 중에서도 이탈률을 디테일하게 보는 사람이다.
"1.8초, 5.2초, 9초. 여기서 이탈률이 확실히 튀네요. 다음 영상에는 이 구간에 시선을 잡는 자막을 넣는 게 좋겠어요."

신태 피디의 의견에 숙연 피디는 최근에 인상 깊게 본 영상 편집을 꺼냈다.
"이런 식으로 정리하니까 저는 제가 필기한 것처럼 느껴져서 좋았어요. 이 장면만 저장하고 싶더라고요."

두 번째, 단어 하나가 조회수의 성패를 결정한다.
이향 기획자가 기획한 영상 중 '정주영 회장'을 주제로 한 경제 쇼츠가 있었다. 업로드 초반 조회수가 저조하자, 우리는 제목 앞에 '현대'라는 단어를 붙였다.
'현대 정주영 회장의 사람 보는 안목.'
영상 조회수는 그날 오후 바로 50만 회를 넘겼다. 이는 알고리즘이 '현대 정주영'을 고유명사로 인식했거나, 사람들이 '정주영 회장'보다 '현대 정주영 회장'을 더 많이 검색했기 때문이리라. 팀의 경험치 데이터는 이렇게 추가되어간다.

세 번째, 같은 영상도 시기에 따라 반응이 달라진다.
2024년 추석 직전, 〈밀라논나〉 채널에 고민 상담 영상을 올렸다. 고민 상담 영상은 올릴 때마다 조회수를 보장하는 효자·효녀 콘텐츠였다. 직전 회차 댓글을 모니터링한 우리는 반려견과의 이별 사연에 많은 구독자가 공감한 것을 확인했고, 그 흐름에 따라 '떠난 반려견이 그리워요'라는 제목을 달았다. 그런데 업로드 후 조회수는 예상보다 저조했다. 이상했다. 콘텐츠는 정서 밀도가 높았고, 의뢰한 사연들도 좋았고, 편집도 깔끔했다. 고개를 갸웃하다 문득 우리가 놓친 맥락을 발견했다. 바로 업로드 시기! 그 주는 추석 연휴였고 사연 중엔 "우리 딸, 나이도 많은데 아직도 결혼하지 않아서 걱정이에요"라는 중장년 여성의 고민도 함께 있었다. 이때도 빠르게 제목을 교체했다.
'37세 아들, 35세 딸 결혼을 안 한대요.'
제목을 바꾼 뒤 조회수는 3일 만에 300퍼센트 증가했다.

우리가 경험한 것은 실패일까? 아니다. 이것은 실시간 전략 수립과 반영의 예시다. 우리 팀은 콘텐츠가 실패했다고 진단하는 데 오랜 시간을 쓰지 않는다. 유튜브 제작자는 영상 업로드 후 그저 반응을 기다리는 수동적 존재여서는 안 된다. 우리는 업로드 이후 더 치열하게 '시청자의 감정 곡선'을 읽어내는 전략가여야 한다.

이 모든 작업은 데이터와 인간의 감정 사이를 오가는 일이다. 영상 한 편을 어디서 클릭하고, 어디서 이탈하고, 어디서 멈추는지 읽어야 한다. 단순히 수치를 보는 게 아니다. 그 수치 안에 담긴 '시청자의 감정'을 읽는 것이다.

콘텐츠는 결국 사람 이야기이기 때문이다.

물론 운이 따르는 순간도 있다. 〈펄이지엥〉 채널의 경우, '목도리 예쁘게 매는 법' 영상이 1년 뒤 겨울 알고리즘에 다시 걸리며 조회수가 여섯 배나 뛰기도 했다.

갑자기 다른 업종에서 일하는 친구가 술자리에서 해준 말이 생각났다. 치열하게 살면서도 운명론자였던 그 친구는 자신이 열심히 사는 이유를 이렇게 설명했다.
"좋은 운에 닿기 위해 사람이 할 수 있는 건 성실하게 시행 횟수를 늘리는 것밖에 없다."

알고리즘은 매초 단위로 고도화되고 있다. 인간이 설명할 수 없으니 어쩌면 운의 영역일지 모른다. 그러나 우리는 오늘도 성공에 닿기 위해 인간의 영역에서 숫자와 감정, 전략과 장면 사이를 끊임없이 오가야 한다. 우리는 지금도 다음 회차 영상의 섬네일을 또다시 조정하고 있다. 그렇게 오늘 자 시행 횟수를 늘렸다.

#28

각자의 캐릭터, 각자의 속도

"와, 울릉도요? 역시 우리 일은 재미있어요!"
〈밀라논나〉 채널에서 울릉도에 가보자는 말을 하니 숙연 피디가 눈을 반짝이며 반응한다. 그는 간혹 친구들이 "하는 일이 재미있겠다"라며 부러워한다는 말을 전한다. 그 '재미'란 건 매번 새로운 이야기를 하고, 다양한 장소에 가보고, 유명인도 가끔 만나는 표면적 모습을 말하는 것일 터이다.

실은 경험을 지속할수록 피로가 쌓인다. 매번 새 이야기를 창작해야 한다는 압박감이 크고, 촬영장에서는 늘 예기치 않은 변수가 터지며, 새로운 사람을 만났을 때 생기는 미묘한 에너지 파장에 신경 쓰다 보면 녹초가 되기 일쑤다. 분명 콘텐츠 업계의 현실은 '재미' 하나로 설명하기엔 거칠고 밀도가 높다.

그런데도 재미있다는 숙연 피디의 말은 그가 마치 게임 캐릭터처럼 자신의 레벨을 올리는 과정을 체감하고 있기 때문이다. 우리가 처음 유튜브 채널을 시작할 무렵 숙연 피디는 인턴이었다. 그는 영상 하나하나를 붙잡고 화면 전환 효과나 자막 디자인에 몇 시간씩 공을 들였다. 팀장인 내가 보기엔 효율적이지 않아 걱정스럽기도 했으나, 그는 묵묵히 자신의 리듬으로 일했다.

그렇게 몇 년이 흘렀다. 지금 숙연 피디는 한 콘텐츠의 기획, 촬영, 편집까지 책임지는 피디로 성장했다. 팀 내에서도 중요한 고비마다 독창적이고 감각적인 의견을 제시하는 인물로 자리 잡았다. 나는 그 성장을 곁에서 지켜봤기에 숙연 피디가 말하는 '재미'가 표면적 모습만 의미하진 않는다는 것을 안다.

어느 날 숙연 피디와 점심을 먹으며 캐릭터 키우기 게임 이야기를 나눴다.
"팀장님, 〈밀라논나〉 채널 구독자가 늘어나니 브랜드나 연예인 측에서 먼저 제안을 해오네요. 레벨업을 하니 스킬도 늘고, 퀘스트도 많아지는 것이 진짜 게임처럼 느껴져요."

나는 이 말이 꽤 적절한 비유라고 생각했다. 이 일이 힘든 건 맞다. 하지만 그 안에서 자신이 성장하고 있음을 체감하면 일은 '재미'라는 감각으로 바뀐다. 보상이 없으면 쉽게 지칠 수 있다. 그래도 결과가 내게 직접 돌아온다는 신호만 있으면 사람은 다시 걷는다.

요즘 종종 생각한다. **누군가가 일이 재미없다고 느낀다면, 그건 일이 아니라 본인이 성장을 체감하지 못하기 때문일지 모른다.** 성장을 체감하지 못하면 돈이나 워라밸 같은 것으로도 채울 수 없는 정체 모를 허무감이 생기기도 한다.

팀장이자 리더인 내가 신경 쓰는 것이 그 지점이다. 각자 자기 캐릭터를 잘 키우고 있는가? 숙연 피디가 게임처럼 일에 몰입할 수 있었던 건 자신이 만든 영상에 곧바로 반응이 따랐기 때문이다. 영상이 뜨면 구독자 반응이 댓글로 달리고, '좋아요' 숫자가 쌓이고, 브랜드 문의가 이어진다. 그렇게 단순한 업무가 아니라 결과가 눈에 보이는 구조다.

나는 팀원들이 스스로 몰입해 일하도록 동기부여하는 것

에 집중한다. 콘텐츠의 성과가 개인 성취로 연결되고, 개인 성취가 다시 팀의 레벨업으로 이어지는 방식. 이 구조 안에서는 사람마다 성장 속도가 달라도 모두가 자기 템포대로 퀘스트를 수행할 수 있다.

우리 팀은 2018년 '레벨 0'에서 시작했다. 누군가가 만든 틀 안으로 들어간 게 아니라, 우리가 하나하나 만든 영상이 모여 지금의 채널들이 꾸려졌다. 당연히 그 성취감은 배가 된다. 남이 만든 룰이 아니라 우리가 정한 룰 안에서 클리어한 퀘스트였기 때문이다.

팀장 입장에서 숙연 피디는 자신의 캐릭터를 완전히 자각하지 못한 듯 보인다. 그는 여전히 눈앞의 출장에 설레고, 기획서에서 발견한 신선한 문장에 감탄하며, 미간을 찌푸린 채 그걸 소리 내 읽어본다. 그 모든 순간이 귀엽기도 하고 든든하기도 하다.

아직 숙연 피디는 자신의 캐릭터 레벨을 모른다. 그렇지만 나는 알고 있다. 그는 지금도 매일매일 조용히 레벨업 중이다. 우리 팀은 모두 자기 속도대로 성장 중이다.

#29

좋아하는 것을
좋아하게 만들기

이제 유튜브 콘텐츠에서 '완전히 새로운 것'을 기대하긴 어렵다. 누구나 채널을 만들 수 있기에 웬만한 아이디어는 이미 누군가가 시도했거나 비슷한 포맷으로 구현했다. 그래서일까 사람들은 내게 자주 묻는다.
"그 많은 콘텐츠 사이에서 어떻게 아이디어를 찾나요?"
우리 팀의 대답은 간단하다.
"아이디어는 좋은 것들의 교집합에서 나온다."

첫째, 사람들이 좋아하는 것(A).
둘째, 크리에이터의 매력(B).
셋째, 제작자의 취향(C).
아이디어는 이 셋이 만나는 지점(D)에 있다.

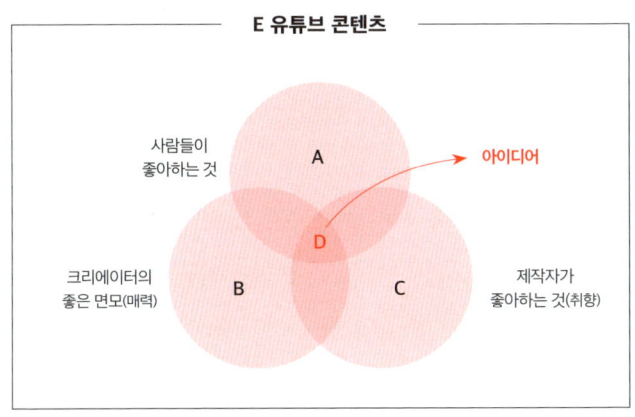

〈밀라논나〉 채널의 기획 회의를 하며 숙연 피디의 방식을 관찰했다. 숙연 피디는 아이디어를 낼 때 특히 '사람의 매력'과 '자신의 취향'에 집중한다. 늘 사람을 유심히 보고 그 안에서 보석 같은 면모를 찾아낸다. 광고주와 미팅을 마친 어느 날, 카페에서 나오며 숙연 피디가 말했다.

"방금 만난 분 정말 배려 깊은 사람 같아요. 아까 커피잔을 테이블에 내려놨을 때, 손잡이 방향을 사용하는 손에 맞춰 왼쪽과 오른쪽으로 돌려주더라고요."

이런 관찰력은 단순한 직감이 아니다. 이건 사람을 천천히 따뜻하게 바라보는 태도에서 나온다. 크리에이터의 매력을 콘텐츠로 전환할 때, 숙연 피디는 이 섬세함을 무기로 삼는다. 크리에이터의 일상에서 인물의 온도를 찾고, 그 온도를 시청자가 공감하도록 장면으로 바꾼다. 이는 단순한 기획이 아닌 '해석'이다.

또 숙연 피디는 자신이 좋아하는 것에 탐험가처럼 접근한다. 그의 관심사는 수시로 변한다. 최근엔 이탈리아 영화에 빠져 있지만 한동안은 달리기에 심취해 날마다 팀 단체 채팅방에서 기록을 공유했다. 그 전에도 그가 좋아한 것의 목록은 꼽을 수 없이 많다. 그리고 계속 늘어나고 있다.

중요한 것은 그 관심사가 어느 순간 콘텐츠 디테일로 자리 잡는다는 점이다. 연애 콘텐츠를 보던 시절엔 〈밀라논나〉의 고민 상담 콘텐츠에 진심이었고, 먹방 영상을 즐기던 시기엔 콘텐츠에 화면 진동 효과를 넣는 실험을 했다. 화면을 흔들며 리듬감을 주는 유튜브 쇼츠 편집에서 착안했단다. 자신의 경험을 그대로 콘텐츠 질감으로 삼는 방식이다.

숙연 피디를 관찰한 흥미로운 결과를 조금 더 설명할 수 있다. 이번엔 유튜브라는 커다란 콘텐츠 바구니를 E로 두고 우리가 만든 콘텐츠 사례를 들어보겠다.

사례 1. <밀라논나>의 자라 영상

- E   '랜선 쇼핑' 콘텐츠의 기존 포맷
- A   SPA 브랜드에서 가성비 아이템 쇼핑하기
- B   논나의 패션 지식과 나이를 초월한 스타일
- C   나이 들면 SPA 패션을 입지 않을 거라는 편견을 깨고 싶던 내 욕심

사례 2. 명품 발음 영상

- E   외국어 브랜드 발음 콘텐츠
- A   명품이라는 주제에 보이는 대중의 관심
- B   논나의 고급스러운 발음과 이탈리아어 실력
- C   숙연 피디가 재미있게 보던 영상의 편집에서 얻은 아이디어

좋은 콘텐츠는 결코 허공에 맴도는 아이디어 혹은 데이터만으로 설명할 수 없다. 그것은 감정과 구조, 공감과 관찰력의 합이다. 시청자가 좋아할 만한 접점을 만들기 위해서는 먼저 기획자 자신이 좋아해야 하고, 크리에이터의 매력이 스스로 빛나도록 조명해야 한다.

아이디어는 어디선가 '확' 하고 떠오르지 않는다. 그것은 좋아하는 것을 수집하고, 그걸 끝없이 조합한 끝에 도달할 수 있는 지점이다. 그 구조를 익히는 것만으로도 우리

에겐 이미 콘텐츠를 보는 눈이 생긴다. 숙연 피디가 웃으며 말했다.

"좋아하는 게 세 가지나 겹치면 그걸 싫어하기가 더 어렵지 않을까요?"

어쩌면 이 태도야말로 우리가 콘텐츠를 만드는 방식의 정체성일지 모른다.

#30

아이디어 발굴 루틴

"유레카!"

이렇게 외치는 순간은 좀처럼 오지 않는다. 아이디어는 대개 목욕탕보다 엑셀 창 앞에서 탄생한다. 이향 기획자의 방식은 그렇다. 그는 감보다 증거를 먼저 신뢰하는 사람이다.

방송작가에서 콘텐츠 기획자로 전향한 이향 기획자는 기획 3년 차에 데이터분석 자격증을 땄다. 자격증을 딴 이유를 물었을 때, 그는 이런 말을 했다.

"저는 톡톡 튀는 아이디어가 잘 떠오르지 않아요. 감각도 부족한 편이고요. 대신 데이터를 보면 '내 생각이 틀리지 않았다'라는 확신이 생기더라고요."

이향 기획자에게 데이터는 자신의 부족한 직관을 보완하는 설계도였고, 기획서에 논리를 불어넣는 근거였다. 지금도 그는 회의마다 정확히 숫자가 증명하는 흐름을 제시한다.

1. 잘하는 것을 판다 — 자사 성과 분석

〈펄이지엥〉이 2년 차에 접어들었을 무렵, 이향 기획자는 '최근 한 달 조회수 상위 콘텐츠'와 '누적 1년 조회수 상위 콘텐츠'를 나란히 비교했다.

최근 한 달 조회수 상위 콘텐츠	누적 1년 조회수 상위 콘텐츠
귀티 나게 입는 법	센스 있는 5만 원 이하 디저트 선물 #shorts
품절 주의! 전국에서 입소문 난 찐템들	5만 원 이하 센스 있는 고급 선물 여섯 가지 #shorts
삶의 질이 올라가는 쿠팡 추천템	삶의 질 상승 찐템 BEST8
5만 원 이하 센스 있는 집들이 선물	귀티 나게 입는 법
데일리 니트 고급스럽게 입는 법	3만 원~25만 원 센스 있는 고급 선물

조회수가 급등한 영상은 트렌드 감도를 반영했고, 누적 조회수가 높은 영상은 충성 구독자의 재시청 흐름을 담

고 있었다. 이 둘의 교집합에서 도출한 키워드는 '선물 추천'과 '찐템 리스트'다. 이 시리즈는 〈펄이지엥〉의 대표 콘텐츠로 자리 잡았다.

〈정희하다〉를 기획할 때도 이향 기획자는 데이터를 제시했다. 그는 김정희 선생님 인스타그램에 업로드된 728개 게시글을 들여다본 뒤, 조회수가 높은 콘텐츠 10개를 표로 정리했다. 좋은 반응을 얻은 콘텐츠의 교집합은 '건강 루틴'과 '패션 쇼핑'이다.

팀원들은 해당 데이터를 기반으로 〈정희하다〉의 초반 콘텐츠를 기획했다. 유튜브 영상은 인스타그램 릴스보다 긴 호흡이 가능하기에 '65세 모델 관리법'이라는 주제로 김정희 선생님의 하루 관리 루틴을 콘텐츠로 담았고, 유튜브에서도 좋은 반응을 얻었다. 이는 크리에이터가 지닌 강점을 데이터로 파악한 뒤 이를 강화하는 전략이었다.

2. 조회수보다 잔류율을 본다 — 구독자 유입 데이터분석

〈정희하다〉 채널 초기, 이향 기획자는 단순 조회수가 아닌 '구독자 유입률'을 핵심 지표로 삼았다. 어떤 영상에서 사람들이 실질적으로 구독을 눌렀는지 혹은 이탈했는지 본 것이다.

결과가 좋은 영상	결과가 나쁜 영상
60대에도 날씬한 몸매를 유지하는 하루 루틴	옷 잘 입는 연예인들의 패션 입어봤어요
어려 보이는 겨울 모자 쇼핑	우아한 중년들은 이런 거 입어요
2만 원으로 60대가 50대 되기! 남대문시장에서 가발 쇼핑	명품 없이 귀티 나는 사람들의 겨울 아이템
평생 전업주부가 시니어 모델이 된 이유	적은 돈으로 귀티 나는 중년의 겨울 하객룩
고터 지하상가 쇼핑 노하우! 단골집, 저렴하게 득템하는 법	지금 아니면 못 사는 중년의 고급스러운 겨울 필수템

이향 기획자가 수집한 데이터는 분명했다. '고급스러움' 보다 '젊어 보임'과 '실용성'이 신규 구독자의 클릭을 유도한다는 통찰이었다. 그는 이 차이를 근거로 회의에서 리얼함, 생활 밀착형, 가격 효율성 중심의 아이디어로 논의를 유도했다.

3. 달력을 넘겨본다 — 타 채널의 '1년 전 지금' 분석

기획자는 항상 두 달 빠르게 살아야 한다. 영상을 촬영하고 편집해 업로드하는 시간차를 고려해야 하기 때문이다. 10월이면 연말 콘텐츠를 준비하고, 3월이면 어버이날 영상을 떠올려야 한다. 이럴 때 미래를 예측하는 가장 좋은 방법은 작년 이맘때 누가 뭘 좋아했는지 확인하는 일이다.

이향 기획자는 매달 비슷한 포지션의 채널이 1년 전 같은 달에 높은 조회수를 기록한 콘텐츠를 리스트업한다. 여기서 얻은 대표 사례가 '9월 결혼식 시즌을 겨냥한 하객 패션 콘텐츠'다. 유튜브에서 단지 인기가 많은 '하객룩'이라는 아이템만 가져온 게 아니라, 그것을 꺼낼 타이밍까지 함께 설계한 기획이었다. 그 영상은 〈펄이지엥〉에서 지금까지도 회자되는 성공 사례가 되었다.

아이디어가 떠오르지 않을 때, 이향 기획자는 막연히 떠오르길 기다리는 대신 먼저 데이터를 펼쳐본다. 그에게 감은 선택이지만 분석은 기본이다. 그렇기에 그의 제안은 늘 구체적이고, 다른 누구의 감보다 설득력이 있다. 회사에서 좋은 아이디어를 매번 감으로만 설득하기엔 어려움이 있다. 데이터를 함께 내밀 때 우리 주장은 더 힘을 받는다.

보너스 TIP ― 감각이 부족하다고 느끼는 영상 기획자에게

1. 월별 정기 리포트를 써보세요.

- 자사 채널 조회수·구독자 수 증가 순위 1~5위 비교
- 제목 키워드와 섬네일 스타일 분류

2. 경쟁사의 지난해를 분석해보세요.

- 1년 전 인기 콘텐츠 키워드 기록
- 업로드 타이밍과 시즌 테마 체크

3. 데이터에 기반한 나만의 아이디어 노트를 만들어보세요.

- 단순한 수치라도 반복해서 기록하며 패턴 분석
- 아이디어 회의 전 논리화

#31

첫 프로젝트의 무게

첫 프로젝트는 언제나 무겁다. 일의 양이 아니라 그 일에 붙은 자기 이름 때문에 힘이 들어가서다. 〈펄이지엥〉 프로젝트 회의 말미에 소현 피디가 말했다.
"이번 광고 건은 제가 한번 맡아보고 싶어요."

회의실 공기가 바뀌는 게 느껴졌다. 그동안 소현 피디는 여러 프로젝트에 조연출로 참여했을 뿐 광고까지 포함한 단독 기획은 처음이었다. 프로젝트를 맡은 재순 피디와 눈짓을 주고받은 뒤 나는 소현 피디의 제안을 받아들였다. 내 말이 끝나자마자 그는 신이 난 듯 노트북을 열더니 그날 저녁 바로 제안서를 팀 단체 채팅방에 공유했다.
그러나 광고인 만큼 브랜드의 요구사항은 촬영 하루 전

까지 계속 바뀌었다. 광고주가 원하는 톤을 반영하는 동시에 크리에이터의 개성을 살리는 일은 생각보다 훨씬 복잡하다. 광고주 응대, 크리에이터와 논의, 콘셉트 기획과 수정, 예산 정리, 일정 조율…. 그 모든 것을 책임지는 것이 처음엔 흥미로웠을 테지만 곧 무게로 느껴졌을 터였다.

소현 피디는 힘든 내색을 하지 않았으나 며칠째 회의에서 별다른 의견을 내지 않는 게 느껴졌다. 그의 컴퓨터엔 늘 열려 있던 편집 툴 대신 메일함이 열려 있었고, 기획안 파일은 새로 쓴 흔적 없이 한참 동안 멈춰 있었다. 그러던 어느 날, 이향 기획자가 내게 조용히 말했다.
"소현이가 자꾸 커피 사달래요. 웃고는 있는데 조금 지쳐 보이더라고요."

그 말을 들은 날, 나는 소현 피디에게 아무 말도 하지 않았다. 그가 자원한 일이니 자존심 상하지 않게 기다려주는 편이 낫다고 생각했다. 촬영 날 재순 피디는 먼저 나서서 장비를 정리했고, 이향 기획자는 제품 정보와 브랜드 요청 리스트를 출력했다. 누구도 어떻게 돕겠다는 말을 하진 않았지만 각자의 방식으로 막내의 첫 프로젝트를 응원하고 있었다.

현장에서 소현 피디는 처음으로 메인 디렉팅을 했다. 내용을 줄였다가 늘리고, 구도를 바꿨다가 되돌리고. 마지막 컷을 두고는 한참 고민하다 그대로 밀고 나갔다. 나와 재순 피디, 이향 기획자 셋은 모두 약속이나 한 것처럼 현장에서 그의 판단을 되묻지 않았다. 열심히 준비해온 판단을 존중하려는 의도였다.

이후에도 소현 피디의 컴퓨터가 사무실에서 가장 늦게 꺼지는 날이 일주일 넘게 이어졌다. 그는 영상 흐름을 다듬고, 톤을 맞추고, 촬영 당시 대사를 하나하나 되짚으며 자막을 다듬었다.

"이 컷은 너무 제품 중심인가요?"
"이 타이밍이면 선생님 말투랑 어울릴까요?"
짧은 문답을 반복하며 콘텐츠는 서서히 완성으로 향했다. 질문은 명확했고 반응도 간단했다. 영상을 업로드하던 날, 소현 피디가 말했다.
"처음이라 몹시 긴장했는데 선배들 덕분에 잘 끝냈어요. 감사합니다! 오늘은 제가 쏠게요."

이 프로젝트에서 내가 확인한 건 그의 능력치가 아니었다. 소현 피디는 본인의 이름을 스스로 짊어지고 나아갈 힘이 생겼음을 보여줬다. 우리가 회사에서 책임지는 것이 어려운 이유는 대개 '혼자' 짊어져야 하기 때문이다. 소현 피디는 그 시간을 견뎠다. 도움은 받았지만, 책임은 맡기지 않았다. 조언은 들었지만, 결정은 미루지 않았다.

선배들은 그런 막내 피디의 도전을 외롭게 두지 않았다. 조용히 그가 흔들리지 않게, 실패하지 않게, 앞과 뒤에서 그에게 향하는 바람을 막아주었다. 소현 피디가 완성한 첫 프로젝트는 그만의 성취가 아니다. 막내가 홀로 선 그날, 우리 일곱 명은 각자 그리고 완전한 하나로 다시 섰다.

#32

생각이 통하는 대화

이향 기획자가 앉는 자리는 팀의 중앙이다. 연차 순으로 나란히 앉은 자리일 뿐이지만, 팀장인 나는 더러 그것이 참 절묘하다고 생각한다. 팀을 유연하게 만드는 이향 기획자의 역할이 자리에서 드러난다 싶달까.

광고 촬영을 끝낸 다음 날, 광고대행사에서 연락이 왔다.
"출연자 멘트를 새로 녹음해서 넣을 수 있나요?"
촬영을 끝낸 뒤 따로 후시 녹음을 덧붙이면 사운드가 튀고, 영상의 자연스러움도 깨질 수 있었다. 우리 팀 모두 귀를 열고 이향 기획자의 통화를 함께 듣고 있었다. 모두의 얼굴이 일그러졌다. 이향 기획자는 침착하게 통화를 이어갔다.

"제안하신 내용이 들어가면 제품 이해도가 더 높아지긴 할 거예요. 그런데 촬영이 끝난 지금 오디오만 따로 붙이면 영상 흐름이 깨질 수 있거든요. 브랜드 측에서 광고 느낌이 어색하다고 걱정하실 수도 있어요."
그리고 이렇게 덧붙였다.
"브랜드 설득하는 입장이 어려우시죠? 저도 현장에서 촬영 팀과 브랜드 사이에서 늘 비슷한 입장이거든요."

긴 대화 끝에 이향 기획자의 설득이 통했다. 광고주가 원하던 후시 녹음 대신 애초에 촬영한 대로 자연스러운 흐름을 유지한 채 영상을 완성했다. 이향 기획자의 방식은 늘 같다. '적'이 아닌 '동지' 입장에서 말하고, 상대의 수고를 인정한 뒤 자신의 논리를 이야기한다. 결국 감정 대립 없이 원하는 것을 얻어낸다.

이 대화법은 팀 안에서도 똑같이 작동한다. 우리 팀엔 완성한 영상을 전원이 함께 보는 시사 시간이 있다. 논란의 여지가 있는 장면이나 불필요한 표현, 자막 등을 다 같이 점검하는 단계다. 이향 기획자는 늘 좋았던 부분부터 말한다.
"이 부분 진짜 웃겼어요. 한데 혹시 여기 컷은 좀 짧아도 괜찮을까요?"

이 한마디로도 말의 온도가 달라진다. 피디들의 제작 의도를 먼저 이해하고 존중한 뒤, 수정 제안을 건네는 방식이다. 이향 기획자의 피드백은 언제나 영상이 더 좋아지기 위한 조언이라는 확신을 준다. 그래서 피디들은 평가받는다고 느끼지 않으며, 누구도 그의 피드백에 방어적이지 않다. 팀원 모두가 '더 나아지는 방향'이라는 목적지에 집중한다.

어느 날 이향 기획자에게 물었다.
"이향이 너도 화날 때 있지 않아?"
"많죠. 근데 굳이 그걸 표정으로 드러내진 않아요. 저는 싸움을 잘 못해서요. 하하."
웃으며 한 이 말에서 이향 기획자가 지닌 진짜 힘이 느껴졌다. 그는 감정에 휘둘리는 대신 대화의 본질에 집중하려 한다. 표현은 부드럽지만 관계 안에서 원하는 방향을 잃지 않는다.

직장에서 "호의를 베풀면 호구가 된다"라는 말에 익숙한 요즘, 이향 기획자는 정반대 방식으로 일하고 있다. 그는 감정이 앞서기 쉬운 상황에서도 한 번 더 유연하게 말하려 하고, 의견이 엇갈릴 때도 불편함을 쌓아두지 않으려는 태도를 보인다. 팀 안에서 누군가가 유연한 태도로 일을 잘 해결해나가는 것을 보여주면, 그건 팀의 유연한 분위기로 이어진다.

#33

회식이 아닌 데이트

"팀장님, 저랑 데이트해요."

몇 해 전, 20대 중반이던 숙연 피디가 내게 건넨 말이다. '데이트'라니, 당황스러웠다. 그동안은 업무 관계에서 한 번도 써본 적 없는 단어였다. 보통은 "회식 언제 할까요" "우리 팀 회식 한번 하자" 같은 말에 더 익숙하지 않은가. 그 후로도 숙연 피디는 '회식' 대신 '데이트'라는 표현을 즐겨 썼다. 그 한마디가 우리 사이의 언어를 바꿔놓았다. 회식이 아니라 데이트. 의무가 아닌 초대. 그 말로 우리는 서로를 초대하기 시작했다.

이후 우리 팀엔 다양한 데이트가 생겨났다. 아침 운동 데이트, 독서 모임 데이트, 매운 음식이 당기는 날엔 서린낙

지 데이트 그리고 특별한 주제 없이 그저 마주 앉는 일대일 커피 데이트.

"팀장님, 어제 브랜드랑 협의하는 게 너무 힘들었어요. 커피 사주세요."
어떤 날은 이향 기획자가, 어떤 날은 재순 피디가 또 어떤 날은 프로젝트를 함께하는 모든 팀원이 그런 말을 건넸다. 아, 특이하게도 신태 피디는 "제가 커피 쏠게요"라고 한다.

커피가 중요한 게 아니다. 그건 대화하고 싶다는 신호, 감정을 나누고 싶다는 요청이었다. 촬영 중 있었던 오해, 크리에이터와의 소통 문제, 브랜드와의 협의 과정에서 생긴 갈등 그리고 가끔은 아주 사적인 고민까지. 그 짧은 여유 시간이 쌓여 우리 팀의 정서적 유대는 더욱 단단해졌다.

사실 나도 회사를 20년간 다녔지만 회식이 늘 즐겁지는 않았다. 의무처럼 느껴져 회식 날 아침은 유독 더 피곤이 몰려왔다. 하지만 데이트는 달랐다. 먹고 싶은 것을 먹고, 나누고 싶은 주제로 이야기하자 그것은 자연스레 일이 아닌 서로를 알아가는 시간으로 자리매김했다.

그렇게 팀워크가 안정적이던 어느 시점에 소현 피디가 합류했다. 그는 처음부터 우리 팀의 리듬을 빠르게 익혔다. 숙연 피디와 함께 도자기를 만들러 가고, 재순 피디나 이향 기획자에게 먼저 술을 사달라고도 했다. 그런데 이상하게 내게는 쉽게 다가오지 못한다는 느낌이 들었다. 정서적으로 거리를 두는 듯 보였다.

막내 입장에서 상사에게 먼저 말을 거는 건 부담일 수밖에 없다. 분위기가 자유롭긴 해도 어디까지가 허용되는 선인지 모호했을지도 모른다. 팀의 막내 숙연 피디가 내게 내민 '데이트'의 손을 이젠 내가 새 막내에게 내밀 차례였다.
"소현아, 우리 고기 먹자. 데이트하자."

평소 가보고 싶었던 식당에 가서도 우리는 좋아하는 고기도 잊은 채 대화에 집중했다. 무슨 특별한 이야깃거리가 있었던 건 아니다. 요즘 일은 어떤지, 회사 일에서 벗어나면 어떻게 지내는지. 서로 말은 하지 않았으나 그동안 대화에 갈증을 느꼈던 것 같다. 고기보다 먼저 사라진 건 '말의 거리'였다. 처음엔 경직됐던 소현의 말투가 점차 부드러워졌고, 우린 고기가 식는 줄도 모르고 이야기를 이어갔다.

그날 이후, 소현 피디가 먼저 메신저를 보냈다.
"팀장님! 저 상담할 게 있어요. 오늘 데이트해요!"
그 말이 그렇게 반가울 줄 몰랐다. 그건 일을 피드백하는 게 아니라 관계의 균형을 찾는 신호였으니까. 이게 바로 회식과 데이트의 차이다. 나는 아직 그날을 꺼내보고는 한다. '데이트'라는 말이 우리를 '직장 동료'에서 '함께하는 사람'으로 바꿔놓았다고 나는 믿는다.

오늘은 누구와 데이트할까.
"팀장님, 저랑 같이 이 전시 보러 가요!"
내 메신저에 새로운 데이트 제안이 올라왔다. 그 짧은 데이트가 추억으로 남아 우리가 더 오래 함께하도록 이어줄 것이다.

#34

리더가
말하지 않는 것

말하지 않아도 전해지는 게 있다. 아니, 오히려 말하지 않기에 더 강하게 전달되는 메시지가 있다. 이건 내가 우리 팀의 성과를 최대 출력으로 끌어올리기 위해 지켜오는 원칙이다. 우리 팀원들에게도 아직 한 번도 말하지 않은 이야기다. 리더이자 팀장이 된다는 건 내뱉는 말보다 삼키는 말이 더 많은 사람이 된다는 뜻이기도 하다. 이것은 그들도 리더가 될 즈음 모두 알게 될 이야기다.

1. 가져온 결과물을 바로 평가하지 않는다

팀원이 제출한 초안은 대부분 심사숙고한 결과다. 하여

그 위에 덧칠한 피드백 한 줄이 그 사람의 의욕을 바꾸기도 한다. 나는 가능하면 즉시 피드백을 주지 않는다. 여유가 있을 경우엔 한 시간이라도 아이디어가 숙성될 시간을 둔다. 다시 보면 처음에 보이지 않던 흐름이 보이기도 하기 때문이다. 팀원도 손을 놓았다 다시 잡으면서 더 나은 수정을 떠올린다. 리더는 대부분 알고 있다. 지금 좋은 결과가 중요한 게 아니라, 그 사람이 더 오래가는 방향이 중요하다는 걸.

2. 피드백은 모두에게 다르게 준다

나는 공정해 보이려 하지 않는다. 대신 정확하려고 한다. 직구를 잘 받아치는 사람에겐 직구를, 변화구에 익숙한 사람에겐 유연한 제안을 던진다. 어떤 사람에겐 "여기 부족해요"가 동기부여가 되고, 또 어떤 사람에겐 "이건 참 잘했어요"부터 시작하는 게 낫다. 리더들은 어느 순간 깨닫는다. 모두에게 똑같은 말을 하는 건 아무에게도 닿지 않는 것과 다르지 않다는 것을. 조금씩 다르게 말하고 다르게 던진다. 그것이 '차별'이 아니라 '최적화'라는 걸 알기 때문이다.

3. 모든 정보를 다 주지 않되 중요한 이유는 설명한다

대다수 리더가 가장 고민하는 것은 어떤 일을 누구에게 맡길지의 문제다. 그래서 일을 맡기며 설명한다.
"이번 프로젝트를 네게 맡기는 이유는 이거야."
그 반대는 말하지 않는다. 왜 너에게 다른 일이 가지 않는지, 왜 지금 기회를 주지 않는지. 팀 내 불필요한 경쟁은 신뢰를 쉽게 흩트리기 때문이다. 자기 몫을 명확히 알고 남의 몫은 넘보지 않는 것. 이 단순한 원칙 하나가 팀워크의 핵심 균형이다. 그게 리더가 하는 일 중 가장 조용하지만 중요한 역할이다.

4. 때로는 감시보다 설계가 중요하다는 걸 안다

사실 리더는 누가 지금 집중하고 있는지, 누가 살짝 느슨해졌는지 온전히 느낀다. 그러나 바로 고치려 하지 않는다. 대신 박자와 타이밍을 설계하려 한다. 때로는 강하게 몰아붙이고, 때로는 일부러 한 템포 늦춘다. 지금은 이 사람이 조금 느슨해도 다음에 반등할 거라는 믿음, 그 신뢰 없이는 팀이 오래갈 수 없다.

리더가 된다는 것은 더 많은 걸 말하는 사람이 아니라 더 많은 걸 보고, 더 오래 기다리는 사람이 되는 일이다. 언젠가 우리 팀원이 팀을 이끌게 되었을 때, 이 침묵 속의 선택들을 기억해주길 바란다.

5

(성장)

회사 밖이 아니라 안에서 커가는 법

#35

몰래 하는 야근

일요일 오후 3시, 불 꺼진 사무실에 키보드 소리가 울렸다.
'타닥, 타닥…'
"주말인데 왜 나와 있어요?"
"아 국장님, 안녕하세요."
숙연 피디가 당황하며 자리에서 일어섰다. 월요일 아침, 나는 국장실 호출을 받았다. 주말에 출근한 팀원을 봤다는 이야기였다. 당황하진 않았다. 숙연 피디가 그럴 수 있는 친구란 걸 알았기 때문이다. 국장님은 무리하지 않게 일정을 잘 조율하라고 격려하셨다.

우리 팀에는 신기한 문화가 하나 있다. 바로 '몰래 하는 야근'이다. 워라밸을 강조하는 시대에 우리는 거꾸로 움직였다. 퇴근 후 시간이나 주말을 반납하고 몰래 일했다. 나는 이것을 '자발적 야근'이라 부른다. 팀장으로서 누군가에게 초과근무를 요구한 적은 단 한 번도 없었다. 오히려 나는 상사보다 늦게 퇴근하는 걸 좋게 보지 않는 사람이다. 초과근무가 필요한 구조라면 그건 조직 시스템의 문제이고, 책임은 관리자에게 있다고 생각한다. 그런 나 때문일까, 우리 팀원들은 몰래 야근을 한다.

돌이켜 보면 숙연 피디는 인턴 시절부터 퇴근 후에도 간혹 영상 파일을 열고는 했다. 처음엔 상사에게 잘 보이려는 마음일까 걱정했는데, 직접 묻자 돌아온 대답이 예상 밖이었다.
"팀장님, 저는 제가 만족하는 영상을 만들고 싶어요. 이건 다 제 포트폴리오잖아요."
정규직이 된 후에도 숙연 피디는 변하지 않았다. 업로드를 앞두고 밤샘 작업하는 날이 이어졌다. 다소 걱정스러워 말을 건넸다.
"숙연 피디, 그렇게 일하면 몸 상할 텐데. 조금 더 힘 빼고 만들어도 괜찮아."

숙연 피디는 단호했다.
"그냥 더 좋게 만들고 싶어서요. 구독자 한 분이라도 그걸 알아봐주시면 굉장히 뿌듯해요."
그제야 알았다. 숙연 피디는 단순히 회사에서 배정받은 일을 하는 게 아니었다. 자신의 작품을 만들고 있었던 것이었다. 자기 기준을 지키기 위해 시간을 쏟고, 작은 디테일에 집착하는 모습. 그것이야말로 진짜 프로의 모습이었다.

이후로 나는 더 이상 적당히 하라는 말을 하지 않았다. 대신 그가 심혈을 기울인 지점을 알아보고, 컷의 연결이나 배경음악, 색감, 여백 등을 구체적으로 피드백했다. 그게 숙연 피디에게 가장 큰 보상이라는 걸 알았기 때문이다. 그에게 필요한 건 자신의 숨은 노력을 알아봐주는 누군가였다. 내가 팀장으로서 할 수 있는 가장 좋은 격려는 그 작은 순간들을 팀 안에서 기회로 바꿔주는 일이다.

열정은 모두 다르게 드러난다. 누군가는 오래 일하고, 누군가는 깊게 몰입한다. 분명한 건 그 열정을 누군가가 제대로 인식하고 인정하는 순간, 그 사람은 더 멀리 나아간다는 것이다.
"주말에 고생했으니 우리 다 같이 맛있는 거 먹으러 가자."
이게 우리 팀의 인정 방식이다. 티 내지 않고 노력한 사람을 팀이 함께 알아봐주는 것.

#36

조직에서 팀 지키기

"우리가 열심히 하는 걸 누군가는 알아주겠죠?"
후배의 말이 내 안에 오래 머물렀다. 스치듯 던진 그 말 그 안에는 '자신의 노력을 인정받지 못할지도 모른다'라는 불안이 녹아 있었다.

가만히 생각에 잠겼다. 내가 후배들을 위해 어떤 노력을 했던가. 돌아보면 나는 전투력이 강한 사람이었다. 주니어 시절부터 일에 집요했고, 옳고 그름에 예민했다. 억울한 일은 따졌고, 부당한 요구는 되돌려 보냈다. 그 시절 나는 후배들에게 든든한 방패였을 것이다. 그런데 방패로는 멀리 가지 못했다. 조직은 옳고 그름으로만 움직이지 않는 까닭이다. '일을 잘하는 것'과 '팀을 지키는 것'은 전혀 다른 일이다.

처음 팀장이 된 뒤 나는 팀의 몫까지 더 열심히 싸웠다. 우리 몫이 아닌 일은 버텨냈고, 아니다 싶은 건 끝내 거절했다. 그러던 어느 순간 깨달았다. 그 방식은 너무 빨리 지치게 만든다는 것을. 싸움을 반복할수록 내가 막아선 자리 뒤로 팀이 고립되었다. 그래서 조금씩 방식을 바꿨다. 외부와 다투기보다 감당할 수 있는 일이면 우선 팀 내부에 맥락을 공유했다. 지금은 일로 버겁더라도 결국 우리가 더 큰 신뢰를 얻는 길이라고, 내가 팀원들을 설득하는 사람이 되기로 했다.

물론 매번 설득에 성공하는 것은 아니다. 가끔은 팀원들이 묻는다.
"이렇게까지 했는데, 왜 인정받지 못하죠?"
그들이 힘들게 진행한 프로젝트인데 충분히 인정받지 못했다는 항의다. 그럴때면 나도 말문이 막힌다.

어느 날 삼성그룹 최초의 여성 공채 임원이자 제일기획 부사장을 지낸 최인아 대표님과 식사를 하게 되었다. 그 자리에서 조심스레 내 고민을 털어놓았다.
"회사 안에서 팀원들의 성과를 잘 알리지 못하는 리더가 되고 있다는 생각이 들 때가 가장 괴로워요."

최인아 대표님은 차분히 되물으셨다.
"팀 리더로서 회사의 방향과 팀원들의 기대가 어긋날 때 어느 쪽을 더 설득하세요?"
나는 솔직하게 답했다.
"저는 보통 팀원을 설득하려 합니다. 차라리 제가 설명하고 이해시키는 편이 낫다고 생각해서요."
그때 대표님이 들려주신 이야기는 이렇다.
대표님도 수개월 공들인 대형 프로젝트 PT 자리에서 예상치 못한 비판에 부딪힌 적이 있으셨단다. 준비한 팀원 모두가 당황해서 고개를 숙였을 때, 대표님은 단호하게 말했다고 한다.
"이 프로젝트는 준비도, 결과도 틀리지 않았습니다."
그 한마디에 팀원들 어깨가 다시 들리는 것이 느껴졌다고 했다. 그렇게 당당할 수 있었던 이유는 하나였다.
"이보다 나은 결과는 없다고 확신했기 때문이에요. 우리 팀은 정말 최선을 다해 준비했어요. 그리고 무엇보다 제 뒤에서 팀원들이 저를 보고 있잖아요."
이 말을 듣고 나서야 조금씩 정리되기 시작했다.

가장 기본적인 것 두 가지. 팀이 하는 일을 회사에 잘 알리기 위해서는 지금보다 더 강한 확신이 필요하다. 그리고 그 확신은 내가 스스로 납득할 만큼 최선을 다했을 때 나온다. 결국 팀이 인정받는 건 결과뿐 아니라, 그 결과를 어떻게 설명하고 꺼내 보이느냐에 달려 있다. 그 말을 누가, 어떻게, 어떤 톤으로 하느냐가 오늘 리더십의 가장 현실적인 힘이다.

여전히 내겐 벅찬 숙제다. 나는 우선 다른 부서에 우리와 함께할 수 있는 일을 설명하는 것으로 첫발을 뗐다. 첫술에 배부를 수는 없다. 작은 일부터 협업하며 사내 접점을 늘리다 보면 우리를 설명할 기회도 올 것이다. 처음에는 자기 홍보 같아 꺼려졌는데 우리와 무슨 일을 함께 할 수 있을지 알리는 일이라고 생각하니 마음가짐이 달라졌다.

산적한 과제를 외면하지 않고 매일 그 답을 찾아 움직이는 사람, 동시에 팀을 가장 오래 지켜낼 수 있는 사람이 리더라고 믿는다. 내일은 이 팀을 어떻게 꺼내 보여줄까? 이 고민이 오늘도 나를 서게 만든다.

#37

성실한 사람의 탈출 욕구

"혹시 너도 이직 생각한 적 있니?"
다른 부서 후배가 퇴사 인사를 하러 온 날, 함께 점심을 먹던 이향 기획자에게 슬쩍 물었다.
"솔직히 해봤죠. 한두 군데 지원서 써본 적 있어요."
이 말은 내게 충격적이었다. 팀 안에서 가장 성실하고 책임감 강한 이향 기획자가 이직을 고민했다니! 내가 그것을 조금도 눈치채지 못했다니!
"언제였는데?"
"틱톡 채널 운영할 때요. 그때 현타가 오더라고요."

당시 상황이 또렷하게 떠올랐다. 회사에서 틱톡 채널을 만들어보자는 논의가 있었고, 나는 그 일을 이향 기획자에게 맡겼다. 워낙 기획력도 좋고 성실한 친구였기에 소셜 네트워크 서비스 업무를 잘 해낼 것이라 믿었다. 실제로도 잘 해냈다. 그때 나는 그 프로젝트가 그의 대표작이 될 거라 예상했다.

이향 기획자는 틱톡의 메인 이용자인 10대 타깃에 맞춰 콘텐츠를 기획하고 직접 편집도 했다. 알고리즘을 공부하며 국내외 수십 개 계정 사례도 연구했다. 애쓴 만큼 구독자 수는 빠르게 늘었고 이내 동종 업계 1위까지 달성했다. 기대를 훨씬 초과한 성과에 나는 그 프로젝트가 이향 기획자에게 자부심을 주었을 거라고 생각했다.

"왜? 결과 좋았잖아. 구독자 수와 조회수 지표 모두 잘 나왔고."
"네. 그런데 공중파 방송국에서 BTS 인터뷰를 한번 올리니까 한 시간에 구독자 10만 명이 늘더라고요. 그날 너무 허무했어요. '나는 채널을 1부터 만들고 있는데…' 싶었던 거죠."
그때 나는 깨달았다. 이건 성실한 사람이 흔히 겪는 좌절의 순간이다. 내가 최선을 다했으니 그 성과에 최상의 보상이 따를 거라 믿었는데, 그게 아니라는 것을 확인하는 순간 말이다. 나 자신이 텅 빈 듯한 느낌, 나 역시 아주 많이 겪어본 아픔이다.

"그때가 처음이었어요. 나가볼까 생각한 게."

이야기를 들으며 나는 잠시 말을 멈췄다. 팀장의 말은 때로 너무 빠르게 조언이 되어버린다. 지금은 조언보다 인정이 더 필요하다고 느꼈다.

"그랬구나. 그런 고민하는 줄 몰랐네."

이향 기획자가 고개를 끄덕이더니 조용히 말했다.

"그런데요, 팀장님. 생각해보면 틱톡 채널 만들면서 배운 것들이 지금 저한테 많은 도움을 주고 있어요. 유튜브 쇼츠 영상 만들 때 훨씬 빠르게 감이 잡히고, 그때 했던 리듬이나 텍스트 처리 같은 게 몸에 배어 있더라고요."

"그래. 그 시간이 너에게 남은 거지."

나는 그렇게 대답했다.

"시간이 가면 성과는 잊혀도 역량은 남아. 누구에게 보여주기 위한 일이 아니라, 나에게 쌓이는 일이라고 생각하면 그 시간이 허무하지 않을 거야."

그날 우리는 진심이 오가는 대화를 나눴다. 이직을 고민하던 시기마저 팀 안에서 자연스럽게 소화해 다시 한 걸음을 내디딜 수 있었다니, 어쩌면 그게 팀의 의미일지도 모른다는 생각이 들었다.

며칠 뒤, 이향 기획자는 주간 회의에서 유튜브 쇼츠 기획안을 발표했다. 틱톡을 만들며 익힌 감각을 살린 아이디어들이 돋보였다. 유튜브의 호흡보다 10초 정도 더 빠르게 편집하고, 해시태그를 적극 활용하는 전략이었다. 그는 이제 누구보다 전략적이고 세심하게 영상을 들여다본다.

모든 팀원이 어디까지 고민하고, 언제쯤 흔들리는지 팀장이 다 알 수는 없다. 그래도 내가 알게 된 것이 있다. '누가 시킨 일'이 아니라 '스스로 자신을 설득한 일'을 해낼 때의 잠재력은 전혀 다르다는 것을.

'헤맨 만큼 내 땅'이라는 말이 있다. 그날 이후, 나 자신에게 이따금 같은 질문을 던지곤 한다.
지금 나는 헤매는 중인가?

#38

일과 삶의
분리? 일치!

주연 피디는 우리 팀에서 가장 묵묵하게 일하는 사람이다. 말보다 조용히 결과로 보여주는 스타일이랄까. 자기에게 주어진 미션대로 차분하게 일의 순서와 방향을 잡고 영상의 뼈대를 안정적으로 세운다. 주연 피디가 맡은 콘텐츠는 대체로 매끄럽고, 절대 일정에서 벗어나는 일이 없다.

그런 주연 피디도 흔들리던 때가 있었다.
"일이 삶을 지배하고 있다는 생각을 한 적 없으세요?"
하루는 퇴근길 엘리베이터 안에서 그가 말했다. 입사한 지 4년쯤 지난 때였다. 주연 피디는 팀의 중간 허리 역할을 안정적으로 수행하고 있었다. 그날따라 주연 피디의 목소리가 조금 가라앉아 있었다.

"이제야 제 몫을 하고 있다고 생각하는데, 갑자기 일이 저 자신을 전부 집어삼키는 것 같은 기분이 들어요. 퇴근하고도 머릿속에 편집 툴이 남아 있는 느낌이에요."

일과 삶의 경계에서 고민하는 것은 당연하다. 정해진 시간 안에 일하고 남은 시간은 온전히 자기 삶으로 채우고 싶은 마음. 선배로서 그것이 어떤 고민인지 잘 알기에 답 대신 지하철 역으로 걸어가는 그의 어깨를 두드리고 헤어졌다.

몇 달 뒤, 제작 회의에서 주연 피디는 중심에 섰다. 그날은 하루에 영상 다섯 편을 업로드하는 날이었다. 광고, 시사, 시리즈물까지 채널의 모든 유형이 총출동한 날이라 빠르게 의견 정리를 해야 했다. 회의에서 좀처럼 먼저 말을 꺼내는 법이 없던 주연 피디가 의견을 쏟아냈다.

"오늘 영상 제목이 '엄마가 입고 싶은 원피스'인데, 이 아이디어 어떠세요?"

크리에이터 A컷을 중앙에 배치하고 다른 제품 이미지를 다수 겹친 다음, 텍스트는 타깃 연령대가 보기 좋게 큰 글씨에 키워드 위주로 넣는 구성이었다.

"'엄마'라는 단어는 이미지에 직접 넣는 것보다 해시태그로 넣었으면 좋겠어요. 엄마는 역할이고요. 옷을 구매할 때 엄마처럼 보이고 싶다며 사는 사람은 없잖아요?"
팀원 모두 고개를 끄덕였고 주연 피디의 의견대로 일을 진행했다.

그날 오후 회의에서 아이디어가 좋았다는 피드백에 주연 피디가 말했다.
"엄마와 쇼핑하다가 갑자기 아이디어가 생각났어요. 일상에서도 좋은 아이디어가 떠오르더라고요. 제가 전에 말씀드린 워라밸이요. 생각해보니까 그냥 일과 삶이 섞여 있는 게 그리 나쁘지도 않은 것 같아요."

그 대화를 나눈 지 3년이 지나고 주연 피디에게 다시 워라밸을 물었다. 그는 퇴근 후 떠오른 아이디어는 기록해두고, 반대로 일하다 잠깐 떠오른 사적 감정은 그냥 흐르도록 둔다고 했다. 강박에서 벗어나자 오히려 작업의 결도, 생각의 속도도 자연스러워졌단다. 주연 피디는 삶과 일을 구분하기보다 둘 사이에 숨은 리듬을 찾아가는 방향을 택한 것이다.

누군가는 일과 삶을 단단히 구분하려 하고, 또 누군가는 그 사이를 부드럽게 섞어낸다. 각자의 리듬대로 해도 아무 문제가 없다. 어떤 방식이든 자신만의 리듬을 존중받을 때 팀과 일은 안정을 찾는다.

#39

**고통을
관람하지 않고
나눈다**

주연 피디가 또 연휴 근무를 자청했다. 직전 비상근무에 자원한 것도 그였기에, 이번엔 내가 먼저 물었다.
"작년에도 너였잖아. 왜 또 자원했어?"
그가 웃으며 말했다.
"일단, 특별한 일정이 없어요. 다른 분들은 가족이나 지인과 약속이 있을 수 있잖아요. 다음에 제게 사정이 생기면 다른 분들이 해줄 거라고 생각해요. 팀장님도 저 야근하면 다음 날 늦게 오라고 배려하시잖아요. 다 서로서로 도와주고 있는 거죠."

이 말을 듣는 순간 그 자리에 멈춰 섰다. 이건 단순한 '근무 분배'가 아니었다. 누군가가 시켜서가 아니라, 하지 않아도 되는 일을 아무 말 없이 기꺼이 하는 사람. 나는 그 태도에 깊이 감동받았다.

일하는 스타일은 사람마다 다르다. 누군가는 기획에 강하고, 누군가는 현장에서 빛난다. 팀장이 된 이후, 내가 가장 눈여겨보는 건 다른 영역이다. 정해지지 않은 일, 책임을 분배할 수 없는 순간에 누가 먼저 손을 드는가. 이건 역할이라기보다 태도의 영역에 가깝다.

주연 피디는 본인이 맡은 기획과 촬영, 편집을 모두 잘 해낸다. 군말이 필요 없다. 내가 더 인상 깊게 보는 건 아무도 강요하지 않은 빈틈을 발견했을 때, 먼저 다가가는 모습이다. 말없이 그 순간을 감당해내는 태도.

나는 주연 피디에게 이 이야기를 한 번도 한 적이 없다. 내가 먼저 언급하는 순간 그것이 그의 몫으로 고정되거나, 다른 팀원들이 '그 일은 주연이 하는 일'이라고 생각하게 될까 봐 조심스러웠다. 주연 피디의 이타성이 어느새 시스템이 되지 않게 해야 했다. 진짜 협업은 서로 조용히 균형을 맞추는 힘에서 나와야 한다고 믿기 때문이다.

나는 이것을 '고통을 관람하지 않는 태도'라고 표현하고 싶다. 누군가가 힘들어할 때, 그 고통을 보고만 있지 않고 자신이 감당할 수 있는 선까지 자연스럽게 걸어 들어가는 것. 그건 타인의 아픔에 기민하게 반응하는 감수성이다. 팀은 그런 감수성을 지닌 사람이 하나둘 늘어갈수록 확실히 단단해진다.

모두가 주연 피디처럼 행동할 필요는 없다. 하지만 그런 사람이 '존중받고 있다'라는 걸 아는 것만으로도 팀의 공기는 바뀐다. 그건 따라야 할 규범이 아니라, 서로를 배려하고 싶은 마음의 온도다. 강요로는 그런 온도가 절대 생기지 않는다.

나는 주연 피디를 보며 다시 한번 팀의 정의를 되새긴다. 팀은 단지 역할을 배분해 효율을 높이는 구조라고 생각할 수 있지만, 오히려 팀은 '서로의 사정을 기꺼이 나누려는 사람들'이 만든 심리적 공동체일 수 있다. 그 공동체를 유지하는 건 거창한 리더십이라기보다 자신이 할 수 있는 만큼의 몫을 조용히 감당하고, 때로 타인의 짐을 슬며시 나눠 드는 마음이다. 그 마음이 한 사람을 '좋은 동료'로 만들고, 그 마음이 모여 하나의 팀을 '믿을 수 있는 공간'으로 바꿔간다. 이것이 내가 주연 피디를 보며 발견한 진짜 리더십이다.

#40

회복탄력성

'번아웃'이라는 말이 낯설지 않은 시대다. 일터에서 피로가 일상처럼 축적되다 보면, 어느 날 갑자기 몸과 마음이 푹 꺼지는 경험을 한다. 열심히 살았다는 말이 공허하게 느껴질 만큼 허탈해지는 순간이 있다. 아마도 번아웃은 누구에게나 한 번쯤 찾아오는 감정일 것이다.

입사 초, 선배들은 "3년, 6년, 9년을 조심하라"라고 말했다. 그 시점마다 퇴사를 결심하게 될 테니 각오하라는 뜻이었다. 요즘은 그 주기가 점점 짧아지고 있다. 후배들이 농담처럼 말한다.
"요즘은 3개월, 6개월, 9개월이더라고요."
농담 같지 않다.

〈펄이지엥〉 프로젝트를 3년 반 동안 함께한 이향 기획자가 그런 시기를 맞았다. 마지막 영상을 업로드한 날, 우리는 고생한 서로를 향해 박수를 쳤다. 그 순간, 이향 기획자가 울컥하며 눈물을 쏟았다. 우리 팀 모두 아무 말 하지 않았지만 그의 눈물을 진심으로 이해하고 있었다.

나는 집에 가려던 발걸음을 되돌려 이향 기획자와 저녁 약속을 잡았다. 혼자 감정을 추스를 수도 있겠지만 그에게 더 필요한 건 감정을 털어낼 시간, 즉 환기였다. 말없이 국을 뜨던 이향 기획자가 조심스럽게 입을 열었다.
"팀장님, 이상하죠. 실연당할 때도 이렇게 울진 않았는데…. 채널이 끝났다는 게 갑자기 너무 허무하고 슬프더라고요."
늘 괜찮다며 밝게 웃던 그가 자신이 "소모됐다"라는 말을 처음 입 밖으로 꺼냈다.

나는 알 수 있었다. 단지 프로젝트 하나가 끝났다는 감정이 아니었다. 그것은 지난 3년 반을 온전히 '크리에이터 한 명'에 투자해온 시간과의 작별이었고, 하루하루 무게를 견디며 버텨온 감정의 무너짐이었다. 그리고 잠들지 않은 마음의 회전이 멈추지 않고 돌면서 내는 울림 같은 것이었다.

이향 기획자에게 〈펼이지엥〉은 단순한 기획을 넘어선 프로젝트였다. 그는 기획자로서 갖춰야 할 역량적 갈증을 안고, 새벽마다 데이터분석 자격증을 공부했다. 구독자가 무엇을 원하는지 예측하고 싶다는 마음에서였다. 그렇게 시간을 쪼개 수업을 들은 그는 몇 달 만에 자격증 시험에 합격했다. 그리고 그것을 즉시 콘텐츠 기획에 반영했다. 조회수 150만 회를 넘긴 선물 추천 콘텐츠와 라이브 방송 완판을 기록한 살림템 추천 콘텐츠가 그 숨은 노력이 만든 결과였다.

그만큼 프로젝트에 쏟아부은 감정도 깊었다. 결과에 거는 기대뿐 아니라 채널에 보인 애정, 구독자를 향한 책임감, 기획자로서의 성장 욕구가 모두 뒤섞여 있었기 때문이다. 그런 까닭에 마지막 회차를 올리고 나서야 비로소 느낀 감정이 '성취'가 아닌 '공허'였던 것이다.

나는 이향 기획자에게 말했다.
"번아웃은 일종의 이별 같아. 무언가에 완전히 몰입하면 반드시 끝이 있어. 그때까지 느끼지 못했던 온갖 감정이 쓰나미처럼 밀려드는 거야. 우리 같은 계획형은 쉴 때조차 계획을 세워야 비로소 쉰다고 느끼잖아. 이럴 땐 차라리 아무것도 하지 않겠다고 계획하는 게 도움이 돼."

그는 고개를 끄덕였다.

"그 말에 공감해요. 사실 요즘 제게 스스로를 갉아먹는 듯한 느낌이 있었거든요. 최선을 다해 성과를 내고 사람들과도 잘 지내고 싶어서 온 힘을 쏟았는데, 결국 그게 저를 다 써버리는 일처럼 느껴졌어요."

그 감정이 낯설지 않았다. 6년 차, 7년 차 직장인은 빠르게 성장하고 싶어 하고 더 높은 단계를 욕망하지만 그만큼 금방 소진된다. 손에 꼭 쥐고 싶을수록 더 많은 것이 손 틈새로 빠져나간다. 오히려 손을 조금 펼쳤을 때 남는 것, 그게 진짜 우리의 것인지도 모른다. 그날 저녁 식사가 끝나갈 무렵, 이향 기획자가 말했다.

"저는 지금 주먹을 좀 풀 시기일까요?"

나는 웃으며 답했다.

"뜻대로 안 될 테지만 그래도 이번 주는 아무 일도 하지 말고 행복한 일만 해봐. 그게 다음 챕터로 넘어가는 준비가 될 거야."

그렇다. 우리는 오래 일할 사람들이다. 때로는 꽉 쥔 주먹의 힘을 풀어야 한다. 잡으려는 마음을 내려놓을수록, 손바닥에 남는 것이 있다는 걸 알아야 한다. 물론 일한 지 거의 20년이 되어가는 나도 말로만 가능한 기술이다. 번아웃은 피할 수 없다. 그러나 어떻게 회복하느냐는 내가 결정할 수 있다.

#41

꼰대?
그게 뭔데?

"누군가는 늘 먼저 도착해 있어야 한다."
재순 피디는 말보다 리듬으로 팀의 기초를 만드는 사람이다. 그가 먼저 출근해 자리를 지키는 아침은 팀 전체가 하루를 시작할 준비를 했다는 신호처럼 느껴진다.

하루는 출근 전부터 광고주에게 급한 요청이 왔다. 난감한 상황이었다. 다행히 일찍 출근한 재순 피디가 있어서 무사히 해결했다. 그날 점심시간에 소현 피디가 말했다.
"재순 선배 덕분에 아침 일을 잘 해결했네요. 선배는 늘 출근 시간보다 일찍 나와 있어요."
재순 피디가 입을 열었다.
"제가 선배랍시고 늦게 오면 후배들이 '그래도 되나 보다' 하고 받아들일 수 있잖아요. 사회 초년생 때 지각을 밥 먹듯 하는 선배가 있었는데, 그렇게 되기 싫더라고요."

10년이 넘도록 그는 그런 선배가 되지 않기 위해 매일 같은 시간, 같은 자리에 앉아 있다. 나는 그 말을 듣고 나서야 알았다. 그의 행동이 후배들 태도에 어떤 기준을 세우고 있는지.

또 다른 일화. 술자리에서 "요즘 누구에게 도움을 구해?"라고 질문하면 많이 꼽는 인물이 재순 피디다. 반대로 재순 피디도 후배들에게 조언을 구하는 데 주저함이 없다.

어느 날 재순 피디가 숙연 피디를 자리로 불렀다. 영상 작업 중 자막과 인서트 구성을 고민하다 도움을 청한 것이었다.
"자막이 좀 더 컸으면 좋겠어요. 설명도 흐릿해서 잘 보이지 않아요. 중간에 자료 화면이 더 들어가면 좋을 것 같고요."
재순 피디는 한 박자 쉬며 물었다.
"자료 화면은 고민 중인데, 자막은 왜 더 큰 게 좋아?"
숙연 피디의 설명을 들은 그는 수긍하며 방향을 정했다. 자신보다 경력이 짧은 후배에게 편하게 의견을 구하고,

그 말에 귀 기울이는 선배. 자존심보다 일의 결과를 최우선으로 생각하는 태도. 그것 역시 그가 후배들에게 남기고 싶은 기준이리라.

그는 행동으로 보여준다. 성실하게 일하고, 아는 것을 후배와 나누고, 본인이 모르는 게 있으면 배워서 채운다. 보이지 않지만 분명하게 행동으로 기준을 세워주는 축이 있으면, 어떠한 지시나 규율보다 더 큰 힘을 발휘한다.

#42

다음 게임에서
이기면 되니까

"괜찮아요. 이번 게임에는 졌지만 다음엔 이기면 되죠."
소현 피디가 한 말 중 가장 기억에 남는 말이다. 자기 위로처럼 들리긴 해도 실은 다짐이자 선언이다.

그날 우리는 막 회의를 마치고 나오는 길이었다. 그가 메인 피디를 맡고 있는 신규 채널의 최근 조회수가 기대에 미치지 못하는 상황이었다. 그날 회의실 공기는 내내 가라앉아 있었다. 소현 피디는 거의 입을 열지 않았다. 팀원들이 한두 마디씩 원인을 이야기할 때도 끝까지 아무 말도 하지 않았다. 그 모습이 내게는 낙담처럼 보였다. 생각보다 큰 부담을 느끼고 있는 건 아닐까. 그런데 회의실 문을 나서려던 순간, 소현 피디가 전혀 예상치 못한 얼굴로 말을 꺼냈다.
"이번에 진 건 인정해야죠. 그래도 다음 게임이 있으니까 그때는 꼭 이기고 싶어요."

소현 피디는 감정이 없는 사람이 아니다. 오히려 감정이 큰 사람이다. 놀라운 건 그 큰 감정을 오래 끌지 않는다는 점이다. 감정을 오래 품지 않고 빠르게 태워버린다. 뜨겁게 쓰고, 쓴 다음에는 남김없이 밀어낸다. 그리고 다음 칸으로 넘어간다. 이게 가능한 사람은 흔치 않다. 대부분 감정이 크면 클수록 오래 머무는데, 소현 피디는 그 크기를 감정의 잔재가 아니라 다음 실행의 불씨로 바꾼다.

회의 다음 날부터 소현 피디는 빠르게 움직이기 시작했다. 새로운 브랜드에 연락하고, 영상 톤을 다시 기획하고, 기존 주제들을 재정리하며 자료를 모았다. 소현 피디의 얼굴은 다시 기대를 만들어내려는 표정이었다.
"이번에는 완전히 방향을 바꿔볼까요?"
그 표정 속에는 억지스러운 밝음이 없었다. 괜찮다고 말하려 들지 않았고 자신을 위로하려 애쓰지도 않았다. 그저 다시 뛰기 위해 워밍업 중인 사람처럼 감정의 먼지를 툭툭 털고 일어났을 뿐이다.

나는 더러 감정에 오래 앉아 머문다. 실패를 끝없이 곱씹고 '왜'를 생각하는 데 한참이 걸린다. 그럴 때는 밥도 넘어가지 않고 잠도 오지 않는다. 반면 소현 피디는 '왜'보다 '다음엔 어떻게'를 먼저 생각한다. 실망하되 그 자리에 멈춰 있지 않는다. 감정이 몰려와도 방향이 보이면 우선 몸을 움직인다.

며칠 뒤, 소현 피디가 새로 제안한 콘텐츠가 곧바로 반응을 얻었다. 이전보다 시청 시간이 두 배로 늘어난 것이다. 영상의 흐름은 전보다 가벼워졌지만 내용은 보다 단단했다. 팀원 중 한 명이 말했다.
"이번엔 확실히 속도감이 다르네요."
소현 피디는 그 말에 환하게 웃더니 조용히 말했다.
"다음 판에서 이기려면 지는 판을 너무 오래 끌면 안 되더라고요."

한 달여를 준비한 콘텐츠가 광고주의 변심으로 틀어졌을 때도 그랬다. 소현 피디는 가타부타 말없이 다시 아이템을 짰다. 정면 돌파도 아니고 완전 회피도 아닌, '이번엔 이렇게 가보자'라는 식의 수정안이었다. 이 역시 실망보다 다음 시도에 집중하는 태도다. 소현 피디는 실패를 실수로만 기록하지 않는다. 그 안에서 움직일 수 있는 힌트를 찾고, 그걸 곧바로 실행으로 옮긴다.

내가 팀장으로서 소현 피디에게 배운 게 있다. 그건 감정 없는 사람이 강한 게 아니라, 감정을 쓰고 나서 곧장 다음을 준비할 줄 아는 사람이 진짜 강하다는 사실이다. 실망하면 누군가는 하루를 통째로 비우고, 누군가는 자책으로 다음 기획까지 흔들린다. 진짜 강한 사람은 감정이 클수록 더 조용히, 더 부지런히 움직인다. 실망한 마음을 안고 제안서를 쓰고, 자책을 느끼면 촬영 콘티를 바꾸고, 억울한 날이면 운동을 다녀온 뒤 다음 촬영을 준비한다.

소현 피디는 감정을 막지 않는다. 감정을 오는 그대로 받아들이되 자기 방식대로 태우고, 자신의 리듬에 맞춰 실행으로 변환한다. 이건 단순한 회복력이라기보다 자기 감정의 흐름을 아는 사람만 지니는 회복 기술에 가깝다.

소현 피디의 영향 때문인지 어느 순간부터 "이번엔 졌지만 다음엔 이기면 되죠"라는 말이 팀 안에 하나의 리듬처럼 퍼지기 시작했다. 그 말에는 '괜찮아, 잘될 거야' 같은 막연한 희망의 언어가 아닌, '그럼 다시 해보자'라는 실천의 언어가 담겨 있다.

소현 피디가 보여준 그 리듬은 우리 팀이 실패를 받아들이는 방식에 영향을 주었고, 다음 판을 믿는 분위기를 만들었다. 우리처럼 자주 성적표를 즉각 받아보는 직업에 종사하는 사람에겐 그런 회복 리듬이 꼭 필요하다. 그건 한 번의 좋은 결과보다 훨씬 더 단단한 유산이다.

#43

팀원에게
불만을 들었을 때의
대처법

"요즘 생각할 여유가 없어요."
"끝나자마자 바로 다음 프로젝트로 넘어가야 해서 감정 정리할 시간도 없어요."
"파트너십을 더 키워보고 싶은데, 일만 하다가 끝나는 느낌이에요."

작년 말쯤, 팀원들의 말에 반복적으로 등장한 표현이다. 퇴근이 늦은 것도 아니고 주말 근무가 있는 것도 아니었다. 그런데도 팀원들은 지쳤다고 느꼈다. 단순히 바쁘다는 말이 아니었다. 나는 그 말을 한 사람 한 사람의 호흡이 막히고 있다는 신호로 받아들였다.

팀장인 나는 지금 내 의지로 팀의 외연을 확장하는 중이다. 사실 지난 몇 년은 버티는 것만으로도 벅찼다. 우리 팀은 한때 회사 안에서 모호한 위치에 있었고, 존폐 여부를 걱정하기까지 했다. 우리는 불안한 마음으로 버티며 팀을 겨우 붙잡았고, 나는 1년간 미국 연수를 다녀온 뒤 복귀했다. 복귀하던 날 나는 스스로에게 약속했다. '이 팀을 복구하자. 아니, 다시 키워내자.' 그 다짐은 곧 내 커리어의 목표이기도 했다.

위상을 회복하고 일의 스케일을 키우는 동안 자연스럽게 팀의 업무 밀도도 높아졌다. 어느 날 한 팀원이 웃으며 농담처럼 말했다.
"팀장님 복귀하시길 그렇게 기다렸는데, 이 정도 강도를 바란 건 아니었어요."
나는 그것이 팀을 살리는 길이라고 생각했다. 안됐지만 그 길의 기울기가 모두에게 같을 수는 없다는 걸 조금 늦게 자각했다.

그래서 물었다.
"내가 지금 조정해야 하는 건 뭘까?"
생각나는 대로 몇 가지 방법을 제안했으나 돌아온 답은 담담했다.

"딱히 방법은 없을 것 같아요. 그냥 가끔 맛있는 거 사주시고, 얘기 들어주세요."
다 같이 웃었지만 그 말이 자꾸 마음에 남았다. 정말 그게 다일까? 그 말 속에 담긴 진짜 감정은 뭘까? 나는 꽤 오랫동안 이 질문을 마음에 품었다.

어느 날 이렇게 정리했다. 불만은 사라져야 할 것이 아니라 주기적으로 점검해야 하는 온도계다! 무조건 해결하려 하지 않아도 괜찮다. 지금 몇 도쯤인지, 어떤 상황에서 올라가고 내려가는지 감지하는 게 더 중요하다. 팀이 '이 정도면 괜찮다'라고 느낄 때 내가 '아직 이 정도는 더 해야 한다'라고 판단한다면, 그 거리감은 결국 피로로 돌아온다.

나는 평소에도 팀원들과 사적 대화를 많이 나누는 편이다. 밤늦게 고민 전화를 받고 함께 연차를 내 여행을 다녀올 만큼 심리적 유대가 탄탄하다고 믿어왔다. 업무에서도 마찬가지다. 프로젝트마다 개인의 감각과 성장 지점을 짚어주며 피드백을 나눴고, 지금 함께 쓰고 있는 이 책도 그런 맥락 안에서 시작한 작업이다.

그런데 문득 이런 생각이 들었다. '이건 정말 그들을 위한 일일까? 혹시 내 목표를 위한 명분이 아닐까?' 나는 이 질문에서 도망치지 않기로 했다. 내가 정말 원하는 건 '확장한 팀'보다 '함께 웃으며 오래 일할 수 있는 팀'이니까. 그래서 가끔 팀원에게 불만을 들을 때면 '해결해야 할 문제'로 생각하지 않고, '내가 놓치고 있던 팀의 리듬'으로 받아들이기로 했다. 그 리듬이 너무 빠르면 살짝 늦추고, 너무 느리면 살짝 끌어당긴다. 리더란 결국 팀이 무너지지 않도록 박자와 체온을 조율하는 사람이다.

나는 올해 연말까지 일정을 이미 빼곡히 정리했다. 앞으로 더 바빠질 예정이다. 그 바쁨 속에서 내가 반드시 지켜야 할 감각이 있다. 그건 문제 해결자가 아니라 팀의 온도를 읽는 사람이 되는 것이다. 그 감각이 흐트러지면 아무리 방향이 좋아도 동행자는 지쳐 떨어진다.

나는 오늘도 팀의 온도를 잰다. 가끔은 하소연을 듣고, 가끔은 아무 말 없이 커피만 마신다. 그런 하루하루가 쌓일수록 우리는 '함께 지키고 싶은 팀'의 윤곽을 찾아간다.

6

(연대)

내일을 함께 만들어가는 법

#44

**우리가
헤어졌을 때를
상상한다**

"팀장님, 우리끼리도 잘할 수 있다는 걸 보여드리고 싶어요."

숙연 피디가 2022년 초 스위스 그린델발트 호텔 방에서 건넨 말이다. 당시 나는 회사에서 미국 연수 합격 통보를 받았는데, 그 좋은 기회를 앞두고도 좀처럼 결단하지 못하고 있었다.

직장인이면 누구나 안다. 나는 언젠가 누군가로 대체되고, 당연히 시스템은 잘 작동할 것이다. 내가 마음이 쓰인 건 그보다는 관계의 무게였다. 내가 자리를 비웠다가 돌아왔을 때 팀원들이 자리를 그대로 지키고 있지 않으면 어쩌지? 실력으로나 인성으로나 누구 하나 다른 곳으로 보내고 싶지 않은 훌륭한 인재들이었다. 그래서 나는 망설였다. '내가 없어도 일이 잘 될까?' 하는 고민이 아니라 내 팀원들이 흔들릴까 봐 두려웠다.

숙연 피디가 말을 덧붙였다.
"우리 때문에 좋은 기회를 놓치는 건 싫어요. 반대 입장이라도 팀장님은 똑같이 얘기해주셨을걸요? 각자에게 좋은 시간이었으면 좋겠어요."
수줍게 고개를 숙이며 인사하던 인턴 숙연 피디가 언제 이렇게 단단하게 자랐을까. 그건 그저 자리를 지키겠다는 말이 아니라, 그 시간에 각자 성장해보자는 다짐처럼 들렸다. 덕분에 나는 떠나기로 결심했다.

미국에서 지낸 1년은 생각보다 더 낯설었다. 사람이 낯선 곳에 가보면 자신이 자기 방식으로만 생각해왔음을 깨닫는다. 언어가 바뀌자 생활 방식도, 사람과 관계를 맺는 리듬도 처음부터 새로 배워야 했다. 그 시간 동안 나는 두 가지 훈련을 했다. 하나는 매일 눈앞의 풍경을 낯설게 바라보는 것이었고, 다른 하나는 익숙한 풍경을 억지로 떠올리지 않는 것이었다. 내가 없는 팀이 어떤 모습일지 자꾸 상상하면, 정작 나도 그곳에서 성장하지 못할 것 같았다.

그 시기에 나는 나대로 애썼다. 그들도 한국에서 각자 애쓰고 있으리라 믿었다. 1년 후, 내가 귀국하자마자 숙연 피디가 한달음에 우리 동네로 달려왔다.
"팀장님 돌아오시면 짜잔 하고 뭔가 보여드리고 싶었는데, 생각보다 잘 풀리지 않았어요. 성과도 없고 우리끼리는 역시 부족하더라고요."
담담한 그 말 뒤에 '사실은 열심히 했다'라는 쓸쓸함이 묻어났다. 일을 열심히 해본 사람이면 누구나 아는 말투다. 이만큼 했는데도 보여줄 게 없을 때, 사람은 그 말을 먼저 꺼낸다.

회사에 출근하자마자 나는 조용히 공유폴더를 열었다. 회의록, 영상 파일 기록, 초안으로만 남아 있는 기획서. 숙연 피디의 말대로 큰 성과를 낸 것은 없었다. 비록 성과는 없었어도 흔적은 선명했다. 멈춘 게 아니라 각자 자기 자리에서 애쓴 시간이 깃들어 있었다. 누군가는 매주 회의를 주재했고, 누군가는 그 회의록을 문서화해 남겨뒀고, 누군가는 그 파일을 끌고 가려고 몇 번이나 수정을 반복했다. 그것은 무너짐이 아니라 조용한 분투였다.

내가 없는 사이 팀은 멈추지 않았다. 그들은 내가 보지 못한 방식으로 자라고 있었다. 숙연 피디의 말처럼 성과는 없었을지 몰라도 그 시간은 분명 성장이 맞다. **이건 성취가 아니라 '서로에게 좋은 모습으로 남고 싶어 애쓴 시간'을 기록한 문장이다.**

내가 존경하는 최인아 대표님은 내가 무너지던 어느 날, "애쓴 것은 사라지지 않는다"라고 말해주셨다. 그 말이 마음에 남는 위로가 된 건 아무도 알아주지 않는 듯한 시간에도 나 자신은 애썼다는 걸 알고 있기 때문이었다. 그 1년을 보낸 팀원들도 같은 마음이지 않을까.

애쓴 것은 사라지지 않는다. 그 시간 덕분에 나는 성과 없이 애쓴 시간이 우리를 더 단단하게 만들기도 한다는 걸 더 깊이 새겼다. 무언가를 만들어내지 못했어도 괜찮다. 무너지지 않은 것만으로도 충분하다.

이 팀이 영원하지 않으리란 걸 안다. 어쩌면 나부터 다시 자리를 비우게 될지 모른다. 그러니 직장인인 우리가 이 시간에 너무 많은 의미를 부여해서는 안 된다. 그렇다고 그 시간을 아무렇게나 보내고 싶진 않다. 우리는 다 안다. 헤어짐을 아는 사람이 지금을 더 정성스럽게 대한다는 것을.

우리는 이 시간을 기억할 것이다. 누군가는 이직해 새로운 사람들과 다시 리듬을 만들겠지만, 이 팀이 서로에게 애쓴 시기는 각자의 커리어 어딘가에 오래도록 남으리라 생각한다. 오늘도 나는 그 시절을 가끔 꺼내본다. 각자의 자리에서 서로에게 좋은 사람으로 남고 싶었던 시간. 돌아보면 그 시간은 더 단단하게 남아 있다.

#45

우회로와 지름길

"방송국에서 좀 일해봤으면 어땠을까 싶은 마음이 자꾸 들어요."

숙연 피디가 산책 중 꺼낸 말이었다. 그 말의 어조는 이직하겠다는 결심보다 이루지 못한 꿈을 마음속에 접어둔 사람의 아쉬움에 가까웠다. 나는 그 마음이 어디에서 비롯되었는지 잘 알았다.

"어릴 때부터 방송국 피디가 꿈이었거든요. 요즘도 가끔 방송 콘텐츠 보면서 생각해요. 내가 만약 그 길을 갔더라면 지금 무엇을 만들고 있을까, 그런 생각이요."

이건 숙연 피디의 어릴 적 꿈 얘기지만, 동시에 지금 하는 일을 아직 확신하지 못한다는 것처럼 들리기도 했다.

"유튜브 피디가 된 것은 제게 늘 우회했다는 느낌을 줘요. 방송국 입사는 워낙 문이 좁잖아요. 도전 대신 현실에 맞춰 선택한 게 아닐까 하는 생각이 드는 거죠."
쉽게 응답하기 어려운 말이었다. 나는 숙연 피디의 시선을 가만히 바라봤다. 이윽고 이 말을 툭 던졌다.
"숙연아, 너는 돌아간 게 아니라 먼저 걸어나간 거야."
꼭 해주고 싶던 말이다. 그리고 진심이다. 물론 방송국에서 일하는 사람이 커 보이던 시절도 있었다. 그렇지만 지금은 콘텐츠의 무게 중심이 완전히 옮겨졌다. 그 변화 시점에 일찍 뛰어든 사람 중 하나가 숙연 피디다.

"자꾸 '정석'이라는 단어가 떠올라요. 방송국을 다녀본 경력이 있어야 뭔가 퍼즐을 완성한다는 느낌이랄까…."
"그 정석이라는 말, 지금도 유효할까? 요즘 방송 섭외 많이 들어오잖아. 지금 방송국에 있는 사람들도 우리 채널을 관심 있게 지켜보고 있어. 스타 피디도 유튜브 콘텐츠를 만들고, 방송국 시스템으로 유튜브를 제작하면 적자라고 고민하는 시대잖아."
누구에게나 이런 갈림길은 있다. 내가 선택하지 않은 길이 어딘가 더 정답처럼 느껴질 때, 지금 가진 걸 인정하지 않을 때, 사람은 자꾸 다른 곳으로 시선을 돌린다.
"방송국에 마음이 남아 있는 건 당연한 거야. 어릴 때 꿈

꾸던 일이니까. 나는 오히려 그 꿈을 '선택하지 않은 길'로 남겨둔 까닭에 지금 이 자리에 올 수 있었다고 생각해. 돌아간 게 아니라 그 누구보다 빨리 움직인 거야."
이 말을 들은 숙연 피디가 한참을 가만히 있었다. 그러더니 조용히 말했다.
"맞아요. 이 일을 정말 좋아해요. 그건 변함없어요. 다만 가끔씩 그 선택이 맞는 건지 되물을 때가 있어요."
나는 이 말이 가슴속에 오래 남았다.

사람은 성장할수록 오히려 회의가 커진다. 시작할 때보다 더 많은 것을 알고, 더 많은 가능성을 경험했기에 더는 '이 길이 맞다'라는 확신을 쉽게 할 수 없다. 그럴 때 우리는 자꾸 '원래 가려던 길'이 옳지 않을까 되묻는다. 이미 걸어온 길보다 걷지 않은 길에 미련을 보이는 것이다. 그렇지만 나는 이 말을 꼭 덧붙이고 싶었다.
"정답이 정해져 있는 시대는 끝났어. 지금은 누가 먼저 자기 길을 만들어내느냐가 더 중요한 시대야. 그리고 너는 그걸 하고 있는 사람이야."

나는 숙연 피디에게 방송국을 향한 아쉬움과 갈망을 완전히 지우라고 말하고 싶지 않다. 그럴 수도 없다. 다만 그 감정이 '내 선택이 덜 정당하다'라는 의심으로 이어지지 않기를 바랄 뿐이다. 숙연 피디를 비롯해 많은 사람의 마음 한구석에 이런 질문이 있을지도 모른다.
'내가 좀 더 도전했다면 다른 길이 열리지 않았을까?'
그런 생각이 들 때 로버트 프로스트의 시 〈가지 않은 길〉을 건네며 이렇게 말해주고 싶다.
"우리는 모두 가지 않은 길을 향한 아쉬움을 품고 살죠. 그건 가보지 않았기에 아름다워 보이기 때문일 수도 있죠."

익숙한 길을 따라가지 않고 덜 알려진 길을 걸어온 사람은 어느 순간 자신이 그 길을 얼마나 멀리 이끌고 왔는지 되돌아보자. 자신이 개척한 길에 '의미'를 붙이기 시작하는 순간, 그 길은 더 이상 아쉬움이 아닌 자기만의 서사가 된다.

#46

평범함과 비범함

"팀장님, 저는 무난한 정도밖에 안 되는 것 같아요."
피드백을 받은 뒤 주연 피디가 종종 하는 말이다. 습관처럼 넘기곤 했으나 어느 순간 그것이 단순한 넋두리가 아니라 자책이라는 걸 알았다. 그 시기 주연 피디는 시사 콘텐츠를 단독으로 맡아 제작하고 있었다. 나와 신태 피디가 초창기 포맷을 만들었고, 이후 그 흐름을 이어받아 주연 피디가 담당했다. 주연 피디는 열심히 일했지만, 늘 마음 한편에 자신이 '이어받은 사람'으로 남는 건 아닐까 하는 걱정이 큰 듯했다. 거기에 자신만의 색을 더해야 한다는 압박이 커지다 보니 회의의 늪에 빠진 것이다. 주연 피디의 이 말이 오래 마음에 남았다.
"아이디어 회의 때 반짝이는 아이디어도 내지 못하고, 저는 그저 그런 피디인 것 같아요."

요즘 시대가 요구하는 '콘텐츠 인재상'이란 게 있다면 대부분 이런 모습이리라. 유행을 빠르게 잡아채는 감, 감각적 기획, 누구도 생각하지 못한 연출과 편집 방식. 이 모든 건 '비범함'으로 여겨진다. 주연 피디는 그 틀 안에서 자신을 판단하고 있었다. 자신이 그 기준에 미치지 못한다고 여기며 조용히 자리를 지키고 있었던 것이다.

어느 날 팀원들과 함께 저녁을 먹었다. 돌아가며 서로의 업무 스타일을 이야기하던 중 주연 피디가 말했다.
"저는 뭐, 무난하게 처리하는 편이죠. 딱히 기억에 남는 스타일은 아니고요."
그의 생각을 정정해줘야 할 때가 왔다고 느꼈다. 나는 곧장 말을 받았다.
"아냐. 나는 주연이한테 일을 맡겼을 때 가장 안심이 돼. 항상 정확하게 마무리하잖아. 일정도, 내용도 주연이가 보면 걱정이 안 돼."
주연 피디는 잠시 놀란 표정이었다.
"정말 그렇게 생각하셨어요?"

며칠 뒤, 주연 피디가 슬며시 다가와 내게 말했다.

"그날 말씀 듣고 '어? 나 그런 사람이었나?' 싶었어요. 저는 제가 한 일들이 별로 인상적이지 않다고만 생각했거든요. 그런데 팀장님 말씀 덕에 처음으로 내게도 피디로서의 장점이 있구나, 하는 생각이 들었어요."
그동안 주연 피디가 해온 모든 일이 누군가에겐 비범하게 보이지 않았을지도 모른다. 그러나 내가 볼 땐 그 꾸준함이야말로 이 팀을 지탱해온 중요한 기둥이었다.

비범함이란 꼭 특별한 한 방에서만 나오는 게 아니다. 오히려 두드러진 특정 모습보다 안정적으로 계속해서 신뢰를 주는 사람이 더 기억에 남는다. 화려한 순간보다 견고한 일상이 더 오래가는 법이다. 그날 이후, 주연 피디는 자신을 다시 생각해보았다고 했다. '나는 특별하지 않다'라고 여기던 태도가 완전히 사라진 건 아니지만, '나도 이 팀에서 내 나름대로 자리를 확보하고 있다'라는 안정감은 생겼단다.

나는 주연 피디를 보며 한 가지 사실을 더욱 확신했다. **우리는 자신을 좁은 틀에 가두고 판단하며, 더러 남의 비범함을 기준 삼아 자신의 비범함을 깎아내린다.** 그러나 묵묵히 해내는 것도 시간이 쌓이면 그것 역시 비범함이 될 수 있다. 그런 사람은 '안정감'이라는 이름으로 오래 기억에 남는다.

단번에 주목받는 사람이 있는가 하면, 느리지만 확실하게 존재감을 쌓아가는 사람도 있다. 중요한 건 그 과정 안에서 자기 자리를 지켜내는 일이다. 나는 주연 피디가 그 길을 걷고 있다고 믿는다. 그는 조용하지만 흔들림 없는 걸음으로 이 팀의 성장을 함께 만들어가고 있다.

"무난한 정도밖에 안 된다"라는 말이 또 들리면 나는 이렇게 답할 것이다.
"그래서 나는 주연이를 가장 믿어. 마지막까지 무너지지 않는 사람이니까."

#47

나영석 피디님에게 받은 위로

"팀장님, 정통호프 가실래요?"

월요일 퇴근 무렵, 재순 피디가 나를 찾았다. 평소 같으면 본인의 루틴대로 월요일을 조용히 보낼 그였지만, 얼굴에 무언가 그늘이 비쳤다.

회사 생활 10년 차. 말을 많이 하진 않지만 팀원들이 물어보는 거의 모든 일에 답할 수 있는 사람. 그런 그가 느닷없이 자기 일에 확신이 없다고 털어놓았다.

"결혼하고 나니 책임감이 더 생겨요. 이 일을 언제까지 할 수 있을지 슬슬 고민이 되네요. 제가 피디라는 직업을 계속해도 되는 걸까요?"

회사 생활은 지도 없는 산길을 걷는 일이다. 얼마나 올라왔는지, 얼마나 더 남았는지 알 수 없는데 가던 길을 멈추기엔 애써 쌓아온 걸 잃을까 두렵다. 확신 없는 하루하루가 쌓이면서 문득 그날들이 과연 어디로 향하고 있는지 궁금해지는 때가 있다. 그가 느끼는 불안이 낯설지 않았다. 지금 하는 일을 언제까지 계속할 수 있을까? 나 역시 이 일을 시작한 후로 스스로에게 자주 되묻던 말이다.

위로보다 먼저 떠오른 건 내 지난날이었다. 결정할 일은 많고 책임은 커졌지만, 누구에게도 내 불안을 쉽게 내비치기 어려웠던 시절. 재순 피디도 지금 그와 비슷한 무게의 고개를 넘고 있을 것이다. 나는 말문을 열었다.
"솔직히 나도 정답은 모르겠어. 그래도 한 가지, 결국은 내가 지금 꾸역꾸역 참고 하는 일이 모여 내일을 만든다고 믿어. 그걸 믿어야 버틸 수 있어."
그는 고개를 끄덕이며 나직이 말했다.
"마침 어제 유튜브에서 나영석 피디님이 나오는 인터뷰를 봤어요. 그 사람도 아직 본인이 '서툴다'라고 말하더라고요. 놀랐어요. 업계에서 제일 잘나가는 사람도 그런 불안을 느끼고 있다니 좀 위로가 되더라고요."

재순 피디의 말을 듣고 이렇게 정리했다. 우리는 결국 하고 싶은 일이 아니라 해오던 일을 어떻게든 계속하는 힘으로 확신을 만든다. 그 힘은 결코 특별한 재능에서 오는 게 아니다. 내가 가진 것을 어떻게 굴려갈지 배우고 경험하는 시간에서 생긴다. 조금씩 나만의 방식으로 다져온 기술, 쌓아온 신뢰, 버티며 얻은 감각. 그것들이 모여 언젠가는 덜 흔들리고 더 중심을 잡을 수 있는 날이 올 것이다.

"저는 이 일을 계속하고 싶어요. 더 잘하고 싶어요. 유튜브가 어떻게 바뀔지, 제 역할이 어떻게 달라질지 모르지만 일단 해봐야겠죠."

맥주 한잔을 함께한 그날의 시간은 그에게뿐 아니라 내게도 필요했음을 뒤늦게 실감했다. 오래 일해온 사람도 여전히 '서툴다'라고 말하는 것은 그 자체로 위로였고 다시 일할 의욕을 주는 힘이었다. 확신은 어느 날 갑자기 찾아오는 게 아니다. 매일 흔들리면서도 다시 앉는 자리에서 조금씩 온다.

#48

네가
프로젝트를
맡아봐

2024년 초, 소현 피디가 조심스럽게 말을 꺼냈다.
"팀장님, 저 이제 4년 차예요. 제 친구들 중에는 메인 프로젝트를 맡은 친구도 생겼는데, 전 아직도 막내네요."
짧은 말이었지만 그 안에는 깊은 고민이 담겨 있었다. 막내로서 여러 프로젝트에 참여하고도 여전히 '나만의 책임'을 맡지 못했다는 갈증, 더 많이 배우고 더 큰 역할을 맡고 싶은 열망, 그건 그저 성장 욕심이 아니라 스스로를 증명하고 싶은 것이었다.

소현 피디의 말은 제법 묵직하게 다가왔다. 내 감정이 가장 무거워지는 순간은 상사에게 성과를 보고할 때보다 성장에 관한 팀원 개개인의 갈증과 마주할 때였다. 그건 단순히 업무를 배분하고 기회를 주는 문제가 아니었다. 나는 팀의 비전을 어떻게 보여줄 것인지, 그 안에서 이들이 취할 실질적 이득이 무엇인지까지 분명히 말해줘야 한다는 압박을 받았다. 팀원의 연차가 높든 낮든 이것은 적당히 위로하거나 "언젠가는 기회가 온다"라는 말로 넘어갈 수 있는 문제가 아니었다.

소현 피디는 지난 4년간 팀 내 여러 프로젝트를 거치며 묵묵히 제 역할을 해왔다. 조연출로, 지원 인력으로, 때로는 파견 인력으로. 덕분에 팀의 다양한 색깔과 업무 스타일을 누구보다 가까이에서 관찰해왔지만, 공교롭게도 자기 이름을 내건 작업은 한 번도 없었다.

마침 새로운 프로젝트를 시작할 타이밍이었다. 나는 고민했다. 경험 많은 선배들이 먼저 떠올랐다. 그런데 자꾸만 한 사람이 마음속을 맴돌았다. 결국 나는 팀 안에서 가장 오래 기다려온 목소리를 떠올렸다.
"이번 새 프로젝트는 너한테 맡기고 싶어."
소현 피디는 놀란 표정으로 나를 바라봤다. 하지만 그 눈빛은 곧 강한 의지로 바뀌었다. 선배들과 상의해 후보 리스트를 만든 그는 지금 〈정희하다〉 채널의 메인 피디가 되었다.

5년 차 막내이자 1년 차 메인 피디. 조연출 입장에서 볼 때와 메인 피디로서 느끼는 책임의 무게는 전혀 다를 것이다. 소현 피디는 시행착오를 겪고 있고 때로 힘겨워 보인다. 출근 시간보다 훨씬 이른 새벽에 나오고, 점심시간에도 자리에서 밥을 먹으며 편집하는 소현 피디의 모습을 자주 본다. 도와줄 일이 있느냐고 물으면 한사코 괜찮다며 손사래를 친다. 소현 피디 특유의 승부욕이 올라온 것이다. 입가에 슬며시 미소가 번진다. 세발자전거를 타다 두발자전거를 타는 자식을 보는 심경이 이런 걸까.

얼마 전, 술자리에서 소현 피디가 내게 말했다.
"제게 프로젝트 맡겨주셔서 감사해요. 팀장님이 믿어주셨다는 게 큰 동기부여가 됐어요."
이 말을 듣고 나는 깨달았다. 사실 그건 소현 피디 개인에게만 기회를 준 일이 아니었다. 4년 동안 팀에서 자기 자리를 묵묵히 지켜온 사람의 가능성을 인정한 결정이자, 그 결정을 당연하게 받아들이고 전폭 서포트할 나머지 팀원들에게 보낸 믿음이었다.

팀장으로서 나는 여전히 배우고 있다. 성장은 혼자 하는 게 아니며, 팀 안에서 누군가의 갈증은 반드시 '듣고 다뤄야 할 이야기'라는 것을. 또한 언젠가는 각자의 차례가 온다는 막연한 위로 대신, "지금 바로 네 자리를 줄게"라는 말이 누군가의 인생에 큰 동기부여가 될 수 있다는 것을. 한 사람의 가능성을 믿어주는 순간, 팀은 함께 성장한다.

#49

**누구에게나
사직서를 쓰고 싶은
날이 있다**

"팀장님, 제가 왜 이 일을 선택했는지 아세요?"
입사한 지 1년쯤 되었을 때, 숙연 피디는 자신의 입사 계기를 들려주었다.

숙연 피디는 원래 다른 팀에서 인턴으로 있었고, 계약 종료 시점에 영상 외 업무로 계속 함께하자는 제안을 받았단다. 동시에 우리 팀에서도 영상 인턴을 새로 뽑는 중이라 추천이 들어온 상황이었다. 그때 숙연 피디는 다시 인턴을 해야 한다는 부담을 감수하고 우리 팀을 선택했다. 그 이유를 묻자 뜻밖의 대답이 돌아왔다.
"혼자 고민해도 답이 나오지 않더라고요. 그러다 소개팅 자리에서 마음을 정했어요."

그 자리에서 자연스럽게 자신의 일을 소개하다 직접 만든 영상을 보여주었다고 했다. 상대가 "진짜 잘 만드셨네요"라고 하자, 숙연 피디는 기다렸다는 듯 "그쵸? 저도 잘했다고 생각해요!"라고 말하며 뿌듯하게 웃었다고 한다. 그 순간 문득 깨달았단다.
'아, 나는 이 일을 좋아하는 사람이구나.'
그 장면 하나가 그를 우리 팀으로 이끌고, 지금까지 이어 오게 만든 힘이 된 셈이다.

하지만 일이 늘 즐겁기만 한 건 아니다. 몇 년 뒤 〈밀라논나〉 시즌1을 종료하자, 숙연 피디는 한동안 예전과 다른 표정을 보였다. 무기력해 보이기도 했고 집중력이 흐트러져 있었다. 일시적 공허함이겠지 했는데 그 시기가 점점 길어지자 조심스럽게 지켜봤다. 그러던 어느 날 그가 활짝 웃으며 말했다.
"팀장님, 저 직장인 밴드 시작했어요. 정말 재미있어요."

평소 취미가 많던 그였기에 또 뭔가를 새로 시작했구나 싶었는데, 그다음 말이 깊게 남았다.
"요즘 일이 재미없고 회의감도 좀 들었거든요. 평생 이걸 할 수 있을까, 그런 생각도 들고요. 한데 밴드 공연 영상을 만들었더니 다들 굉장히 좋아하는 거예요. 그때 다시 생각났어요. '이런 순간이 좋아서 이 일을 시작했지' 하고요."
잠시 잊고 있던 출발 순간의 감각. 숙연 피디는 그걸 다시 꺼내 들고 자신에게 말했단다.

"다시 해보자. 난 이걸 좋아했으니까."

숙연 피디는 자신이 이 일을 사랑한 순간을 소중하게 간직하고 있다. 어쩌다 흔들릴 때마다 그 기억을 꺼내보며 다시 중심을 잡는다. 그는 일을 무조건 좋아하려 애쓰는 사람이 아니라, 좋아하던 순간을 기억함으로써 '계속할 이유'를 되새긴다. 회사일은 본래 쉽지 않다. 좋아하던 감정을 잊는 순간, 모든 게 견딜 수 없는 일로 변해버린다. 그래서일까, 나는 팀원들에게 종종 말한다. 우리가 좋아하던 순간을 잊지 말자고.

사직서 파일을 열어보려다 우리가 만든 영상을 다시 튼 순간, 내게도 그것이 가장 강한 퇴사 보류 버튼이 되었다. 직장인이면 누구나 마음속에 사직서를 품고 있다. 그게 현실이다. 그 사직서 옆에 좋아하던 순간 하나를 함께 놓아두자. 어느 날 진짜 그만두고 싶어져 사직서를 꺼내는 손끝에 그 기억이 가볍게 걸려 잠깐 멈추면, 그 잠깐이 다시 하루를 버티게 해줄 수도 있으니까.

나는 이제 입사 20년 차다. 리더로서 해야 할 수많은 일

사이에서 여전히 나 자신에게 묻곤 한다.
"나는 왜 이 일을 시작했고, 왜 계속하고 있는가."
숙연 피디를 보면 그 답이 선명해진다. 우리는 이 일이 좋아서 하는 게 아니라, 좋아하던 순간의 그 마음을 잃지 않기 위해 계속 이 일을 하는 게 아닐까? 행복하던 그 기억이 결국 우리의 심장을 다시 뛰게 한다.

#50

좋은 선배, 좋은 후배는 없다

"좋은 선배, 좋은 후배는 없다. 좋은 관계만 있을 뿐이다."
이 말은 우리가 수없이 나눈 대화 중 팀과 관련해 가장 많이 들은 얘기에서 나왔다.
"팀장이랑 여행을 가? 직장인 판타지물이니?"
"요즘 그런 후배들이 어디 있어. 진짜 복받은 거야."
전자는 후배들이, 후자는 내가 실제로 수없이 들은 말이다. 둘 다 맞는 말이다. 그와 동시에 둘 다 절반만 맞는 말이기도 하다.

사실 좋은 선배나 좋은 후배 같은 절댓값은 없다. 우리는 서로에게 상대적 존재일 뿐이다. 누군가에게 사사건건 훈수를 두는 선배가 다른 이에게는 사려 깊은 멘토일 수 있다. 한 후배가 어떤 팀장에겐 의지가 되고, 다른 상사에겐 골칫덩이가 되기도 한다. 그 차이를 만드는 것은 관계의 문을 누가, 어떻게 여느냐다. 그리고 그것을 좌우하는 핵심은 언제나 일이라는 매개 안에서 보이는 태도다.

우리 팀 이야기를 해보자. 회의실에서 우리는 시간이 걸리더라도 서로의 기획안 발표를 끝까지 들어준다. 또한 피디가 편집을 마치고 결과를 올리면 한 명씩 돌아가며 피드백을 해준다. 누구 하나 노력하지 않고 만들어진 관계는 없다. 내가 좋은 팀장이라서 그들이 나를 따라온 것도 아니고, 그들이 특별히 착해서 내가 그들을 편하게 여기는 것도 아니다. 우리는 그저 서로가 서로에게 노력했을 뿐이다.

나는 다른 사람보다 조금 더 많이 설명하고, 조금 더 먼저 감정을 다독이고, 조금 더 솔직하게 실수를 인정한다. 이건 업무 성과만을 위해서가 아니다. '나한테 당신이 중요해요'라는 메시지를 말이 아닌 태도로 건네는 일이기도 하다. 나는 지금도 간혹 내 팀원들에게 내가 좋은 선배인지 묻는다. 그 물음의 기준은 의외로 단순하다. 내가 이 사람의 실수까지 감당할 수 있을까? 이 사람이 나를 신뢰하지 않아도 나는 계속 설명할 수 있을까? 이 사람이 힘들다는 표현을 꺼냈을 때 그 감정에 혼자 두지 않을 수 있을까? 이 물음에 "그래도 나는 계속 같이 가고 싶다"라고 답할 수 있으면 조금은 괜찮은 선배가 아닐까 싶다.

후배들도 마찬가지일 터이다. 내 설명이 부족할 때 기다려주고, 내가 벅차 보일 땐 먼저 팔을 걷어붙이며 나서주고, 내가 흔들릴 때는 말없이 옆에 있어주는 그들. 그런 시간이 이어져 지금의 관계가 만들어졌다.

결국 좋은 선배나 후배를 '찾는' 것이 아니라, 내가 어떻게 관계를 시작하고 유지하느냐가 전부다. 이런 얘기를 하면 사람들은 말한다.
"그래도 팀장님이 팀 분위기를 잘 이끄시니까요."
"그래도 그 친구들이 워낙 잘하는 사람들이니까요."
'그래도'라는 말로 시작하는 단정은 섭섭하다. 그저 운이 좋아서 지금 여기에 도달한 것처럼 느껴지기 때문이다.

물론 우리 팀도 완벽한 팀은 아니다. 다만 조금 덜 어색하고, 조금 더 같이 있고 싶은 사이가 되었을 뿐이다. 서로를 위해 우리는 매일 작은 선택을 한다. 한마디 더 말할지, 참을지. 정리해줄지, 기다릴지. 혼자 할지, 같이할지. **우리가 함께 일한 날을 돌아보면 결국 남은 건 실적표가 아니라**

관계의 흔적이다.

우리 팀이 우스갯소리로 하는 말이 있다.
"이 정도로 손발 맞추는 데 들인 시간을 생각하면, 이제 같이 갈 수밖에 없다."
이 말이 진심으로 들리는 팀에서 일하고 있다는 사실이, 내가 지금 여기 있는 진정한 이유다.

에필로그

우리는 모두 ——
—— 누군가의 다음이 된다

처음 팀을 꾸리고 〈밀라논나〉 채널을 만들기로 했을 때 이토록 오래, 이토록 깊이 함께할 줄은 몰랐다. 시작은 작았다. 어느새 그 시작이 누군가의 길이 되고, 누군가의 기준이 되어가고 있다.

그 시간은 단순히 '7년'이라는 시간으로 표현할 수 없다. 입사할 때 스물넷이던 숙연 피디는 이제 서른이 됐고, 이향 기획자는 작가로 시작해 기획자로 정체성을 바꿨다. 주연 피디는 누군가의 보조였던 시절을 지나 메인 피디가 되었고, 신태 피디는 시사와 크리에이터 양쪽을 넘나들며 종횡무진하고 있다. 소현 피디는 〈펄이지엥〉 서브 피디에서 〈정희하다〉의 메인 피디가 됐다. 재순 피디는 우리 팀에서 가장 먼저 가장家長이 되었고, 나는 기자에서 영상 제작자로 인생 경로를 수정했다.

우리 과정엔 분명 좌충우돌이 있었다. 무모했던 시도, 어설펐던 영상, 예상치 못한 실패 그리고 오해와 갈등 들. 되돌아보면 잘한 것보다 서툴지만 끊임없이 나아지고자 노력했던 순간이 더 오래 남는다.

영상을 다루는 우리는 자주 〈무한도전〉을 만든 김태호 피디님이나 〈1박2일〉의 나영석 피디님처럼 입지전적 성과를 낸 스타 피디를 동경한다. 그리고 그들의 이야기를 찾아 읽고 듣는다. 그들이 먼저 간 길에서 조금이라도 힌트를 얻을까 하는 마음에서다.

그에 비해 우리가 만든 콘텐츠는 "고작 이 정도?"라고 할 수도 있다. 그러나 갓 발걸음을 뗀 누군가에겐 "이 정도로도 가능하구나"라는 희망과 가능성을 심어줄 수 있다. 이 길을 꾸준히 걸어왔고 여전히 걷고 있기에, 어느새 우리도 누군가의 다음이 되어가고 있다.

그래서 요즘은 지금의 결과보다 한 걸음 더 나아가 멀리 본다. 이 프로젝트를 어떻게 끝내느냐보다 이 과정을 누가 보고 있을지 생각한다. 내가 후배에게 어떤 언어를 남기고, 함께 일한 사람과 어떤 기억을 쌓느냐가 더 오래 남을 것이라는 믿음이 생겼기 때문이다.

지금의 나, 팀, 우리의 방식이 누군가에게 기준이 될 수 있다면 그건 꽤 의미 있는 일이다. "우리가 여기까지 온 건 누군가가 먼저 걸어간 덕분이다"라고 말할 수 있기에 "지금 우리가 걷는 이 길도 누군가에게 도움이 되기를" 바라본다.

나는 매일 묻는다.
'나는 지금 누구의 다음이 되고 있는가?'
이 질문에 부끄럽지 않게 아주 조금만 더 단단한 어른이고 싶다.

**OUTLIER
PROJECT**